EUFONÍA
El Sonido de la Vida

Daniel Levy

AEGIS COLLECTION
Academia Internacional de Eufonía

Copyright © 2013 Daniel Levy

Diseño de tapa: Marga Baigorria
Imagen de tapa: Copyright © julijamilaja/Shutterstock.com
Traducción: María Clara Canzani

Aegis Collection – Academia Internacional de Eufonía

ISBN: 978-88-908498-4-8

A K.H.

A DHYANA Y MARGA

ÍNDICE

Prefacio   p. 11

PRIMERA PARTE

La Experiencia de la Alegría y la Belleza en el Sonido

Eufonía   p. 19
La Experiencia Eufónica   p. 22
La Esencia del Sonido   p. 24
La Eufonía y Pitágoras   p. 26

El Sonido   p. 31
Un único sonido y múltiples armónicos   p. 32
La Acústica del Ser   p. 34
Vibraciones elementales   p. 36
La función de la Música   p. 39
La inspiración musical   p. 39
La naturaleza de la consonancia   p. 41
Fundamentos físicos y psicológicos del sonido   p. 42
La altura   p. 43
El timbre   p. 44
El tiempo y la duración   p. 45
El oído   p. 47
EUFONÍA *y la antigua ciencia del* GĀNDHARVA VEDA   p. 48
La relación existente entre los sonidos y el organismo psicofísico   p. 51
Los siete sonidos   p. 54
La Voz y el Lenguaje Hablado   p. 58

Tiempo, Espacio y Música   p. 63

Yo Sueno y Yo Soy   p. 67
De oír a entender   p. 71

Educación para Escuchar   p. 73
Akróasis: la escucha del mundo   p. 74
El espacio que se mueve en el sonido   p. 77

La Disonancia   p. 81
El cuerpo de la armonía   p. 83
Música y enfermedad mental   p. 85
La experiencia de Tomatis   p. 87

La Música del Ser   p. 89
El Ser es la síntesis suprema   p. 90
El silencio nos 'habla' del Ser   p. 91
La capacidad de 'per-sonar'   p. 93

SEGUNDA PARTE

Escuchando la Realidad

Explorando el Mundo del Sonido   p. 97
Los Armónicos – Los Albores del Lenguaje   p. 125
Los Ritmos Vitales   p. 135
Los Cinco Elementos   p. 145
El Sonido, La Palabra, Las Formas   p. 159
Metamorfosis: Una Experiencia de Escucha   p. 173
Las Relaciones Humanas Armónicas   p. 181
Notas y Reflexiones sobre la Eufonía   p. 197
El Movimiento Eufónico   p. 213

Movimientos y músicas del Ser   p. 214
La línea no existe sin vibración   p. 217
Nadie, excepto uno mismo, puede
perfeccionarse a sí mismo   p. 219

TERCERA PARTE

EL ESPACIO, EL SONIDO Y LOS ARQUETIPOS DE LAS FORMAS

EL UNÍSONO   p. 227

EL ARTE DE LOS MAESTROS   p. 231
La Intuición   p. 232
Las potencialidades del espacio   p. 236

LA NATURALEZA DEL ARTE   p. 241
Los Planetarium y el Arte de la Vida   p. 245
El rol del Arte y del Artista   p. 247

SONIDO Y ESPACIO –
LOS ARQUETIPOS DE LA FORMA   p. 255
Los Dogon y la Palabra   p. 261
Los ritmos arquetípicos   p. 265
Epílogo al Prólogo   p. 268

PREFACIO

Un libro es como una partitura musical: un conjunto de notas inaudibles hasta que no se verifican en el instrumento o en la orquesta. Su valor seguramente reside en que fija en palabras la experiencia desarrollada durante una vida, devolviendo un orden al caos de los principios no expresados.

Un libro sobre el Sonido, en mi opinión, difícilmente pueda seguir esta regla. Debería en cambio adecuarse al particular orden interno de la ley de los armónicos, que no se continúan con la sucesión de una escala. Así como las figuras de un caleidoscopio se presentan como formas totalmente cambiantes, aun cuando el movimiento sea aparentemente leve, alterando la completa estructura cristalina y cromática, así, después de la irrupción, el Sonido crea una identidad propia e inusitada.

El lector es un ser vivo. Mi intención es entregarle un instrumento vivo y palpitante. Por eso he considerado atentamente la oportunidad de incluir ciertos extractos elegidos, provenientes de encuentros y experiencias realizados en los últimos años con grupos de estudiantes. De aquí el carácter eminentemente coloquial de la segunda parte del libro: "Escuchando la Realidad", que hace accesibles ciertos argumentos realmente complejos, sin que por este motivo se los adapte ni deforme.

Deseo agradecer a todas las personas y las circunstancias vitales que me han permitido abrir la primera hoja del Mundo del Sonido. Son tantas, y a cada una debo algo precioso. Finalmente a Venecia, lugar de los sueños futuros, cuya naturaleza esencial es tan diferente y desconocida de la que aparece en lo cotidiano. Verdadera expresión de la Eufonía, ejemplo de la antigua cooperación entre la Naturaleza y el Hombre, Venecia emana sonidos tan irradiantes como armónicos. Ella forjó la experiencia que condujo a este libro.

Si el lector a quien están dirigidas estas páginas sentirá como suyo *el imponderable misterio del Sonido y encontrará consuelo y confianza renovados, se habrá logrado entonces el objetivo de este libro.*

Daniel Levy

PRIMERA PARTE

La Experiencia de la Alegría

y

de la Belleza en el Sonido

Eufonía

La Clara Luz de la Sabiduría es Eufonía. Un estado de libertad total. La mente conceptual emancipada en la Onda benéfica de la Intuición. Nada se debe explicar para transmitir la "presencia eufónica". La cualidad magnética e irradiante del Sonido obra con un efecto tal que ninguna retórica lo puede develar. Escribo en un estado eufónico. Siento que la mano vibra emitiendo Belleza, buscando el mensaje implícito y no el explicado. El lenguaje utilizado podría ser otro, diferente, amanerado y no efectivo. Lo importante es la cohesión eléctrica que manifiesta el pensamiento de la Mente Única. La forma encuentra su justo lugar una vez que lo esencial ha sido aferrado. Vivir el universo arquetípico es Eufonía.

La infinita Belleza del Mundo reposa en el movimiento sin límites.

Todas las formas de la vida, sin excepción, emiten vibraciones sonoras que expresan su identidad. La conciencia eufónica humana permite captar el nivel de realidad relativa emitido por cada criatura sensible, del mineral al metahumano.

La Alegría es la condición simple que irradia Belleza. Esta va más allá del estado de ánimo individual aun cuando penetre hasta el núcleo más íntimo de cada célula. En la danza se manifiesta el movimiento trascendente de la Alegría, mientras que el ritmo marca la ruptura de los límites condicionantes.

En la justa percepción sonora se despierta en el mundo psíquico la condición primordial de nuestro ser. Una sola nota o una secuencia melódica puede evocar un estado indeterminado fuera de las leyes del espacio y del tiempo habituales. El poder de reevocación es tanto mayor cuantos más hayan sido los velos retirados de nuestras superestructuras psicológicas. Tales velos por lo general están conformados por estructuras vinculadas con la determinación causada por la educación y sus condicionamientos. La configuración sutil del yo se convierte en un imán que selecciona aquella "materia" que le confiere una identidad. Sucede a menudo que tal identidad es sólo un sobrenombre (*surnom*) que vela el nombre real. Así, es una empresa casi imposible para el ser expresar aquello que es, desde el momento que él mismo se identifica con el velo.

El Sonido conscientemente vivido es capaz de transformar la frecuencia vibratoria del yo construido. Para comprender su inconsistencia, es muy significativa la constante y afanosa búsqueda de nuevos elementos que lo completen, acumulando dotes, cualidades, riquezas. Pero jamás se forma la Unidad con la suma de muchos elementos diversos. El conocimiento de nuestra verdadera Identidad no conduce a la pérdida o a la anulación tan temida, sino a deshacernos de una situación psicológica que no puede ser sostenida eternamente. Solo así podemos reconocer con infinita gratitud la suprema libertad que habitaba sofocada en la gruta del corazón.

La libertad puede constituir un premio para quien ha superado los límites, para quien ha experimentado la constricción de la vida pre-organizada hasta sus mínimos detalles. Es inexorable que la Presencia inhibida en los límites anhele la Liberación, así como es necesario pasar por el período de "aislamiento y confinamiento" del yo para saber quiénes somos, o hemos sido, o si hemos creído ser reclusos en libertad condicional.

La libertad del Alma no es caótica ni desordenada, pero sus reglas no son simétricas ni angulares. En un cielo intuitivo Ella respira y se nutre, con flujos y reflujos, Señora de sus ritmos.

Alegría, Belleza y Libertad = Eufonía.

La Belleza es la puerta de oro de la nueva humanidad. Es la vía de acceso al Arte de la Eufonía. El Sonido, el Color, y el Movimiento y la Forma son las columnas en espiral del Templo; la Alegría, la Belleza y la Libertad, el triángulo superior.

Las obras de los genios son vías de acercamiento, síntesis de la naturaleza.. En el lenguaje intuitivo la voluntad, el amor y la inteligencia se sintetizan en el cáliz físico. La fuerza eufónica no conoce los métodos comunes porque trabaja con la energía primordial aún no explicada. La necesidad del método aparece cuando lo imperfecto desea la perfección y es precisamente allí donde fracasa el método. Nada que no sea ya perfecto puede convertirse en tal. Por este motivo el alma ansiosa recorre el método como un laberinto, hasta que, perdida el ansia en un callejón sin salida, abandona con ella todos los métodos, los sistemas y las ciencias menores para realizar el Arte.

Existe una "región hiperfísica" en el espacio, donde moran las presencias eufónicas. Se trata de un centro de fuerza dinámico/integrador, simple y translúcido. Es el lugar de residencia de las almas que han captado la Belleza de sí. Todo está presente y es posible en esta morada, donde se están gestando los nuevos cánones de revelación. Las grandes zonas montañosas de la Tierra favorecen los flujos de la energía hasta los niveles acuáticos. El geomagnetismo, mayormente activo y liberado en ciertas zonas, actúa como centro de circulación e inspiración. En tales circunstancias es posible acceder a esferas de luz pura para ver, escuchar y revelar. El punto de contacto es la Identidad humana, que recoge en la medida de la expansión realizada. No existe una posibilidad más inmediata y natural. Con absoluta simplicidad, las manos tendidas, derramada el Agua cristalina, el alma bebe. Por designio innato, como efecto natural del beber, formula, comprende y piensa, sin disquisiciones sobre por qué beber o sobre la naturaleza del agua.

Muchas realidades de la Realidad escapan a nuestros ojos porque les otorgamos dimensiones fijas y definiciones últimas. Pero sería conveniente, si tenemos sed, no esperar para beber hasta conocer analíticamente la composición del agua: podríamos morir deshidratados. Todo se recompone cuando el bello acto de vivir se afronta sin reservas, permitiéndonos descubrir sobre el terreno aquello que no podríamos observando un mapa detallado de la vida. Explorar el mundo sirviéndonos de las experiencias de nuestros antepasados es prudente. Más sabio es constatarlas directamente, partiendo de nuestra Identidad.

La Experiencia Eufónica

Una de las premisas fundamentales de la Experiencia Eufónica es partir resueltos, liberándonos de todos los condicionamientos ficticios que influyen sobre nuestros actos cuando la conciencia está ausente. No se trata, por cierto, de crear un nuevo condicionamiento que lleve a creer que no se los tiene, o a expandir nuestros esquemas, agrandándolos pero sin trasponer sus confines. Tenemos la constante propensión a una modalidad de pensamiento tan esquemática, clasificatoria y separadora en la que incluso las formas más profundas del sentir y del actuar están graduadas en sutiles matices que, aun cuando se parezcan a un bello arco iris, no son sino fichas de colores, tendientes a describir la realidad como proyectada sobre una pantalla, pero de la que no se puede obtener una experiencia directa y simple, como protagonistas.

Este pensamiento, que busca a toda costa la liberación de los condicionamientos ficticios, mal interpretados como leyes de la vida, constituye un eje fundamental de la búsqueda, llevada a cabo de un modo totalmente inusual, de nuestra humanidad unida en relación filial con la Naturaleza primordial. No se trata, ciertamente, de anular los maravillosos procesos mentales que implican y conforman ritmos precisos de la existencia, sino de alterar el determinismo al que conducen tales procesos. Cuando se abre una flor en su plenitud de belleza y fragancia, no lo ha hecho a costa de la vida que circula por la linfa, o anulando la circulación de la resina. La flor se revela como la coronación de una serie infinita de procesos interrelacionados, sin los cuales la maravilla siempre única que se manifiesta no sería posible.

La mayor parte del conocimiento adquirido sobre las formas de vida o los estados psicológicos o espirituales no se debe descartar ni despreciar, actitud ésta muy común en algunas formas de realización interior que incitan a trascender aquello que aún no se conoce, volviendo así al antiguo instinto según el cual "todo lo que nos es desconocido es malo". Resulta sin embargo evidente que si los éxitos de la realización humana, en las relaciones interpersonales, entre los pueblos, entre las diversas religiones, hubieran dependido de la inmensa mole de conocimientos, libros, congresos acumulados durante los milenios, hoy seríamos, como humanidad, un ejemplo para el futuro. Sin embargo, los dilemas de la coexistencia, el movimiento ondulante de la psiquis, las inseguridades y los egoísmos persisten aun cuando dispongamos de panaceas, remedios, esquemas teóricos sofisticados. Muchos paliativos han perdido su eficacia, en tanto que la mente individual se transformó en algo parecido al caparazón de la tortuga, acorazada y a veces anestesiada por los "ideales y modelos de vida" que proponen repetidamente los medios masivos de comunicación. Un descontento de fondo y una pulsión de quien habita dentro de la coraza quedan mudos, reflejándose en diversas formas, según lo compacto de la misma. Las diversas crisis de la Crisis no han exceptuado ningún sector vital, de la filosofía a la religión, de la teleología de la ciencia al rol del arte, de la política a las relaciones humanas. Se puede encontrar un motivo cierto en la costumbre "educativa", sobre la base de la cual todos estos modos de expresión humana se han transformado en objetos que amplían nuestro conocimiento del mundo, agregándose uno a uno, en sentido vertical, horizontal, o lateral a un cuadrado sin salidas (la mente analítica), en el cual, en el mejor de los casos, ha sido "conformada" nuestra psiquis. Ninguno de estos objetos ha sido capaz, dada la forma del contenedor, de alterar, modificar o abrir la prisión donde no se Vive.

La fosilización de los modos y los objetos de conocimiento está llegando rápidamente, evidenciándose en el horizonte cercano una Era Glacial para la mente concreta.

Sólo algo diferente, extraordinario, no habitual, *nuestro*, puede verdaderamente derretir los hielos y hacernos descubrir las formas sinuosas de la espiral que está por debajo del cuadrado, para invertir la perspectiva, para abrir los ángulos con fuerza impetuosa, permitiéndonos experimentar que todas las rectas del cuadrado son líneas curvas vivientes que engloban el Universo. Así nace y se redescubre el vagido esencial de la EUFONÍA.

La Esencia del Sonido

Una atenta exploración de nosotros mismos sirve para poner de relieve algunos aspectos desconocidos de nuestra normal existencia. Para los hombres de todos los tiempos el sonido siempre ha sido algo misterioso y enigmático, que permite comunicar impresiones, describir estados de ánimo, representar emociones de manera mayormente efectiva y transmitir experiencias de estados profundos de la conciencia, como puentes que atraviesan una cualidad del espacio.

El sonido es el núcleo de toda cualidad vibratoria. La fuerza ínsita en las relaciones de frecuencia, tono, volumen, timbre, representa una realidad que se corresponde netamente con las características del movimiento psíquico. Casi naturalmente cada impresión o pensamiento adopta, después de un pasaje posterior al impacto inicial, un movimiento respiratorio que, si es audible, se transforma en exclamaciones sonoras, formas onomatopéyicas o verdaderas palabras, constituidas por sonidos consonantes y vocales, ligados por un hilo mental. Cada unidad de sonido o sea cada elemento del habla, está estrechamente ligada a un determinado movimiento de la sustancia mental. La comunicación se produce cuando la coherencia entre sonido no audible y manifestación sonora están en íntima concordia.

La percepción psicológica de los sonidos es materia de la psicoacústica, que estudia los procesos conectados con la audición. En este enfoque existe la tendencia a ver el sonido como un objeto al que se le atribuyen una serie de cualidades y efectos que no tendría en sí. Tradicionalmente, las más antiguas filosofías de la música, como también las teorías religiosas sobre el origen del sonido y su influjo, han otorgado un lugar preeminente al Sonido por la capacidad inherente al mismo, desde un punto de vista metafísico y físico en interrelación constante.

Para comprender la esencia del sonido se debe extraer el néctar de conocimiento que cada vibración posee en sí.

Cada uno de estos capítulos seguirá un orden armónico no dividido entre teoría y práctica, sino conformando una síntesis que permita plasmar aspectos aparentemente abstractos en formas y ejercicios prácticos.

La experiencia eufónica es la base implícita en las antiguas prácticas de la Escuela Pitagórica y permite, a quien lo necesite, entrar en contacto con esta realidad de una manera nueva, dinámica y accesible.

Todos los resultados de los análisis y las exploraciones que han permanecido por siglos, para Occidente, como fórmulas abstractas de las que no ha sido posible encontrar los significados, se tornan fuentes de sustento eminentemente práctico para quienes tratan de conocerse a sí mismos de la manera más simple y esencial posible.

La esencia o el perfume del sonido impregna cada objeto, realidad o mundo. Todo reposa en el Sonido y es de éste que la Vida extrae circulación y movimiento.

La Eufonía y Pitágoras

En el capítulo XV de la "Vida Pitagórica" de Jámblico, que trata de la "primera educación del sentido" y de "cómo Pitágoras enmendaba las almas de sus discípulos con la música y cómo había actuado en sí mismo esta enmienda", encontramos uno de los vestigios escritos de gran interés para penetrar en la ciencia-arte de la Eufonía.

Jámblico inicia así su discurso:

"Creyendo que la primera curación de los hombres debía comenzar por la percepción sensible -percepción de bellas formas y figuras, de bellos ritmos y melodías- colocaba en primer lugar la educación musical, por medio de determinados ritmos y melodías que curan la índole y los afectos humanos, reconduciendo a las facultades del alma hacia su equilibrio original; además ideó los medios para reprimir o curar enfermedades físicas y psíquicas".

El primer contacto, para Pitágoras, era con la Belleza: percepciones sensibles de formas, figuras y sonidos que establecían relaciones con arquetipos de la conciencia. Tan estrecha es la relación entre las percepciones simples y los primordios que no existe medio alguno que conduzca de manera más directa al equilibrio original.

Un principio de consonancia interna hace corresponder esencias de índole aparentemente diferente. Pero no puede evocarse nada que no se posea ya en alguna medida. En la respuesta "simpática" está el principio de la verdadera educación, que permite dejar fluir dulcemente el inmenso potencial que existe en cada uno de nosotros. Cuando Pitágoras "educa musicalmente" no hace más que llegar a una síntesis suprema de las aún más antiguas prácticas de Eufonía, que en la India antigua y en Egipto habían tenido un ápice iniciático. Las Musas, en especial las relativas al sonido, serán para Pitágoras esencias vivas encerradas en el alma humana. Es divino el hombre que se eleva internamente hacia el Espacio y conoce a estas 9 hijas de Zeus y Mnemósine (la memoria). De hecho, la memoria espiritual es presupuesto de la educación pitagórico/platónica, en la que el aprendizaje será recordar lo que el alma ha vivido. Que las Musas vivieran en los montes Helicón o Parnaso no expresa más que la idea de la evolución en espiral de la conciencia y la de la belleza eterna y poderosa del *Para-desh*, la región superior, el Espacio eufónico.

Clío, Calíope. Melpómene, Talía, Urania, Terpsícore, Erato, Euterpe y Polimnia tenían relación con todas las modalidades vibratorias expresadas en el Sonido, del canto de los héroes a la entonación poética, de los acentos trágicos del verbo a la comedia evocadora de los ánimos, de la poesía didascálica y de la astronomía a los cantos de amor, de los instrumentos musicales al canto sagrado y mágico.

En un sentido psicológico las Musas representan todas las potencialidades ínsitas en el ser humano, que se deben desarrollar gracias a una particular "educación musical" que les permite manifestarse en la Persona.

"Pero por encima de todo esto" -prosigue Jámblico- "son dignos de consideración los llamados "tratamientos" y "adaptaciones" musicales predispuestos y organizados por él para los discípulos, inventando con extraordinaria habilidad combinaciones musicales de género diatónico, cromático y enarmónico, con las que a menudo fácilmente mutaba e invertía los sentimientos del alma, que en ellos habían aparecido recientemente y habían crecido en forma inconsulta e irracional: impulsos de dolor, de ira, de compasión, celos y miedos absurdos, deseos ardientes de cualquier tipo, excitaciones y depresiones, relajamiento e impetuosidad de ánimo. Cada uno de estos sentimientos él los enmendaba hacia la virtud, por medio de armonías musicales convenientes como también de saludables mezclas medicinales".

Las "adaptaciones" y los "tratamientos" musicales predispuestos por Pitágoras reflejan un conocimiento perfecto y profundizado de la Ley de Analogía. Plotino dice: "Porque la analogía es la ley de todas las cosas... las cosas de este mundo no pueden ser independientes, debe existir necesariamente entre ellas una cierta relación" (Eneada 3, libro II, cap. 18). Los efectos obtenidos con la hábil combinación de los géneros diatónico, cromático y enarmónico se dosificaban precisamente como tonificantes del sistema nervioso dada la estrecha relación existente entre la estructura interna de las escalas y los impulsos del alma.

"A la noche, cuando se preparaban para dormir, él (Pitágoras) liberaba a sus discípulos de las inquietudes del día y purificaba de estruendos sus mentes agitadas como ondas marinas, haciendo que su dormir fuera tranquilo y aportara sueños buenos y adivinatorios. Al despertar los liberaba del sopor nocturno, de la debilidad y del aturdimiento por medio de cantos particulares y de melodías interpretadas con el simple acompañamiento de la lira o solamente con la voz".

Vale la pena reflexionar detenidamente para comprender cómo los cantos y las melodías "particulares" no sólo colaboraban a mantener la mente clara y despejada en estado de vigilia, sino también influían sobre los estados de la conciencia tan poco conocidos como el sueño y el dormir profundo. Por un lado la preparación para el traspaso cotidiano de la vigilia al sueño; por el otro la purificación de cualquier escoria psíquica producida por éste, eliminando el sopor y la debilidad. No hay dudas de que sólo un conocimiento global del ser humano y de sus relaciones con las energías macrocósmicas puede ayudar a sintetizar leyes de la naturaleza en sonidos musicales sincronizados con una fuente de sustento inagotable. Innumerables elementos están ya condensados en estas enseñanzas, que interesarán a pensadores como Damón, Platón Aristóteles, Plotino, Boecio, Odón de Cluny. Conocimientos que, junto con otros sobre los misterios del ser, se desdibujarán con el tiempo, perdiendo contornos, precisión y credibilidad.

Jámblico, neoplatónico que ya en los "Misterios Egipcios" revela un conocimiento profundo de las realidades eufónicas como "filosofía vivida", avanza en la biografía del Maestro diciendo: "Pero por sí mismo el gran hombre no conseguía el mismo resultado de la misma manera, o sea por medio de instrumentos o de la voz, sino que con la ayuda de una divinidad arcana e inaccesible prestaba atención y fijaba la mente en las sublimes armonías del cosmos, él solo -como decía- percibiendo y entendiendo la armonía universal y las consonancias de las esferas y de los astros que se mueven dentro de éstas. Esta armonía entrega una música más plena y más pura que la humana: de hecho el impulso y la circulación resultantes de sonidos desiguales y variamente diferentes entre sí en cuanto a velocidad, fuerza, longitud de intervalos, y aun así dispuestos recíprocamente según una proporción perfectamente musical, resultan armoniosísimos y a la vez bellísimos en su variedad. Con esta música él se nutría y reconducía la mente a una ordenada disciplina, ejercitándola –por así decir- como un atleta el propio cuerpo, pero al mismo tiempo pensaba en proveer a sus discípulos, como mejor podía, modelos y representaciones de ella, imitando con los instrumentos o sólo con la voz tal música cósmica".

El Sonido

Para comenzar siguiendo un enfoque global, esférico y sintético, recordamos al lector que es motivo de estos escritos comunicar en parte algunos significados poco evidentes del rol del sonido y de su interrelación con la vida en todas sus manifestaciones. El método expositivo procede con fórmulas horizontales, sucesivas y ordenadas según criterios acumulativos, pero la experiencia demuestra que este enfoque, aunque útil para estimular la capacidad de raciocinio o para fomentar la inducción, deducción y analogía, descarta incomprensiblemente una posibilidad de directa experiencia individual.

Explorar el universo del sonido con todos los instrumentos posibles es mejor que limitarnos a priori. Si consideramos que el ser humano es un complejo de percepciones sensoriales, donde corren constantemente energías que mientras circulan renuevan todo el organismo psicosomático y, con esto, también la cualidad y claridad de las percepciones, podemos fácilmente darnos cuenta de la extrema relatividad de las conclusiones filtradas por el mecanismo mental. De hecho, a través de éste es posible obtener al máximo una serie de "verdades relativas" a su plano, que dejan de serlo apenas el punto de vista es alterado o levemente modificado.

La relatividad del conocimiento y la persistente imperfección de cualquier conocedor podrían ser superadas dando lugar a la revelación de un núcleo que reside en cada ser humano y que llamamos "núcleo eufónico".

El "núcleo eufónico" no puede ser definido verbalmente porque no existe en el lenguaje ningún vocablo que pueda encerrar tal síntesis. Podemos decir, para entendernos, que cada átomo, célula, criatura, organismo, sistema, está animado y nutrido por un centro, núcleo o sol. Este sol es fuente que impregna cada átomo de sustancia, sea psíquica o física. Todas las características que se manifiestan a los sentidos no son sino extensiones y prolongaciones, expresiones coherentes provenientes del núcleo que con-forma cada movimiento, quietud o desintegración. De las formas minerales a los seres humanos cada aspecto, aglomerado de materiales, color, sabor, levedad, función e interrelación no es más que el eco de una realidad subyacente, Que en verdad no está abajo o arriba, debajo o encima, sino que es central e inmóvil como el punto-centro de una esfera.

En todos los sistemas tomados en consideración, desde el organismo macrocósmico al microcósmico, la vibración es completa y está en continuo devenir. El principio de esta vibración primordial y nuclear es la Armonía. La idea de la esfera nos ayudará a comprender qué es esta armonía y qué leyes de infinita libertad la constituyen.

Un único sonido y múltiples armónicos

El fenómeno físico de la vibración de los cuerpos sonoros produce, junto con la frecuencia fundamental, otras que se consideran secundarias, llamadas hipertonos o serie de los armónicos. Tomado como fundamental el sonido Do, o sea la longitud de la cuerda del monocordio o cordotono, es posible comprobar naturalmente la medida de los tonos y semitonos de la escala. De hecho, según cómo se divida la cuerda, siguiendo una progresión numérica se obtienen todos los sonidos de la escala y sus mutuas relaciones.

El primer hipertono será el Do (2/1), mientras que el intervalo o la distancia relativa entre los dos sonidos (Do1 y Do2) se llamará 8ª; el segundo hipertono o armónico, el Sol (3/2) con el intervalo de 5ª en relación con el Do; el tercero, el Do 3, intervalo de 4ª (4/3); el cuarto, el Mi, intervalo de 3ª mayor (5/4); el quinto, el Sol, intervalo de 3ª menor (6/5); el sexto, el S*ib*, intervalo de 7ª menor (7/4); el séptimo será otra vez un Do, que representará un tono entero, etc.

Los armónicos siguientes serán los sonidos Re, Mi, Fa sostenido, Sol, La S*ib*, Si natural, Do, R*eb*, Re, M*ib*, Fa-, Fa 1/4, Sol*b*-, Sol, La*b*- La-, La+, S*ib*-, S*ib* 1/4, Si, Si 1/4, Do, etc.

Como se puede observar, cada sonido produce, resonando, vibraciones ligadas en relaciones precisas con la onda de base. Todas las estructuras melódicas, todos los intervalos y por ende las combinaciones armónicas y escalares están contenidas teóricamente y prácticamente en un único sonido. Los intervalos son relaciones entre los armónicos. Cada uno de los intervalos indica una relación vibratoria armónica correspondiente a realidades psicológicas y espirituales.

Cada "núcleo eufónico" expresa relaciones vibratorias idénticas, armónicas, con prescindencia del sonido generador fundamental desde el cual se parta. En realidad, cada sonido de base es la expresión más cercana al sentido auditivo, originada ella misma a partir de armónicos superiores. Mirándolos con visión esférica, notaremos que la característica de los armónicos resaltará en relación con aquél de todos ellos que será más resonante. Los griegos llamaban "Cuerpo de la Armonía" a los sonidos fijos constituidos por la tónica, la quinta o la cuarta y la octava. En los largos intermedios de la escala existían numerosas variaciones que hacían clara la diferencia de significados de cada escala. Pitágoras descubrió las leyes de la armonía musical "mientras reflexionaba intensamente y concentraba todos los esfuerzos del pensamiento en el intento de inventar un aparato seguro e infalible que fuera de auxilio para el oído".

En el individuo existe un principio interno, inaudible acústicamente, que revela la indivisibilidad de elementos que parecen unidos y que en realidad son síntesis que supera la unión. Armonía y Síntesis son la misma realidad si se vive de la manera justa. En la armonía coexisten, por principio, los polos con la sabia distribución proporcionada por la energía de la Vida. Por esta razón la Persona, la personalidad con las propias características, es el resonador por excelencia del individuo (indiviso): para tocar, permitir vibrar, dejar fluir el Sonido principal, develar el "núcleo eufónico", de naturaleza ultrasónica, amplificarlo en la vida cotidiana son las características principales. No hay que maravillarse de que la Eufonía haya constituido para las civilizaciones antiguas, como las de India, China, Grecia, los Celtas, los Mayas, entre otras, una vida de Sabiduría, el sendero simple, espontáneo y directo para develar el ser.

En tiempos en los que la Música, y en consecuencia el músico, han perdido su rol verdadero, una atenta revisión de las más importantes indicaciones del pasado sin tiempo nos ayudará a poner de relieve los "armónicos del futuro".

La Acústica del Ser

El sonido es considerado como el más abstracto de los elementos sensibles. Una modalidad de la energía que se manifiesta en el tiempo y en el espacio. La percepción humana en el tiempo y el espacio está sujeta a ritmos de duración y de movimientos que nos permiten establecer signos comunicativos provistos de un contenido implícito. No para todos los seres estos ritmos son idénticos, aunque su punto de partida es el mismo. Las diferentes velocidades en el tiempo forman códigos sonoros. Si nos pusiéramos en condiciones de sintonía con estas velocidades podríamos descubrir la existencia de un Lenguaje que permea todo el Universo. En un determinado punto de nuestra vida, el valor del sonido se manifiesta en toda su luz. Declaramos comprender cosas que nos fueron repetidas muchas veces en diversas y creativas formas, que estaban siempre allí, pero que aún no se habían oído de la manera justa. No se había producido ese fenómeno llamado *transducción*, la perfecta circulación de una vibración que asume señales diferentes mientras atraviesa medios diversos.

La escucha de nosotros mismos es un tipo de percepción que, en relación con la acústica física, se produce en un medio diferente del aire e independientemente de la modalidad de transmisión de los corpúsculos de aire.

Si seguimos el proceso de percepción de una idea y los pasos que conducen a su manifestación verbal, notaremos estas fases:

a) el impacto con la idea (percepción)
b) la identificación de un contorno preciso (definición no verbal)
c) verbalización interna (no audible)
d) verbalización audible (emisión y pronunciación de la palabra).

La fase (a) es intuitiva; la (b) atraviesa el plano mental concreto: el proceso formal adquiere contorno; la fase (c) hace brotar desde la primeras percepciones un conjunto de vibraciones sonoras (sonidos musicales, vocales y consonantes), audibles internamente pero aún no pronunciados; la fase (d) pone en movimiento la voluntad permitiendo que la emisión respiratoria pronuncie o cante la palabra.

En todo el proceso la respiración, en las fases de inspiración, retención y expiración, ha cumplido un rol de base, sin el cual la transducción no habría sido posible.

Una idea común en las filosofías antiguas es la existencia de un nombre interno de las cosas y los seres. Conocer este nombre será comprender y poseer su esencia, o sea, ser conscientes de ella. Ésta está constituida por una combinación vibratoria, una melodía, una palabra, perceptible sólo si está en sintonía. Nombre, número y *"noùs"* son la misma realidad. *"Noùs"* es la esencia, el espíritu que caracteriza la presencia. Para los antiguos egipcios el nombre interno de las cosas era secreto e impronunciable vulgarmente, Era necesaria una "voz justa" o la justa "entonación" (*ma – khrou*) para comunicar verdaderamente.

La "melodía sutil" escuchada pro los *"yogi"* en el estado meditativo es sinónimo de conocimiento y realización. *Anahata Nada*, la vibración inaudible, puede ser escuchada con el oído interno. En la escucha está la atención que transforma la percepción sensible del oír en una experiencia reveladora. La transmisión verbal directa de las tradiciones orales lleva al "así he oído " de las enseñanzas más profundas. Los *Rishis*, los Sabios primordiales que han manifestado el *Veda*, son aquellos que "escucharon" la *Sruti* (la Revelación). El mismo término (*sruti*) servirá para definir las 22 principales divisiones de la escala hindú, sobre la base de divisiones naturales de la octava.

Krishna, el Ser Supremo, conoce 16.000 combinaciones melódicas, las esencias de todos los seres. Las orejas alargadas de las representaciones budistas y taoístas representan símbolos de sabiduría.

El elefante con sus enormes orejas será para el hinduismo *Ganesh*, dios de la sabiduría, Hijo de *Shiva*. En la escucha reside una llave que abra la puerta de la Realidad.

Vibraciones elementales

El Sonido primordial atraviesa, según la teoría hindú, cuatro grados de manifestación; de la vibración elemental o idea al sonido perceptible. Estos grados de la Palabra /*Vak* se denominan:

Para (más allá)
Pashyanti (visible)
Madhyama (intermedio)
Vaikhari (perceptible)

El primer estadio corresponde a la tendencia orientada hacia la idea, en la masa indiferenciada de las posibilidades. La idea toma forma. La distinción aparece en el segundo estadio de manifestación pero aún no está expresada. Esta no puede ser comunicada. Es el estado visible (*Pashyanti*). Cuando la idea se expresa en términos de relación de vibraciones, encontramos el estado llamado intermedio: la vibración-idea y la vibración-sonido se funden. En el cuarto estadio la vibración se expresa en términos de sonidos, verdaderos vehículos de la idea. Es la manifestación de *Vaikhari* (la palabra perceptible).

Es importante para nosotros recordar que dichos estadios corresponden en el microcosmos humano a otros tantos centros de energía sutil:

Para (en la base de la columna vertebral), *Pashyanti* (en el centro del ombligo), *Madhyama* (en el centro del corazón) y *Vaikhari* (en el centro de la garganta).

* * *

En la experiencia cotidiana el uso de la palabra asume generalmente una connotación utilitaria o, de lo contrario, formas discursivas no sintéticas que inundan la atmósfera de vibraciones sonoras que, desde un punto de vista físico, se extinguen en el silencio y que en cambio psicológicamente asumen una forma y un color.

Las experiencias más profundas no están vinculadas a dato externo alguno ni condicionadas por lo que hemos aprendido. Es por esto que la búsqueda de elevación interior, que se produce cuando bullen en nosotros hambre y sed de conocimiento, encuentra salida sólo en una dimensión no sujeta a la rigidez y las costumbres de la época. Las grandes extensiones donde alas enormes son vehículos livianos que se pierden en el infinito, esos son los espacios de la Eufonía. Sintonía con las abiertas leyes del Ser. Desaprender lo inútil, mientras las costras sedimentadas por el tiempo transcurrido se quiebran y se disuelven en el silencio. Volver a aprender todo. No saber más. No hablar más el idioma imperfecto, que no comunica. Encontrarnos en el estadio infantil pero nuevo, donde el alfabeto, los sonidos y las frases, las melodías y la vida no expresan aproximadamente, sino que son libertad.

Del unísono a la resonancia, a la consonancia y a la simpatía, del ritmo a la melodía, cada experiencia nuestra es musical de por sí. La disonancia indica el conflicto, probablemente la búsqueda de la armonía velada, la distribución no equitativa de las propias energías.

Intuir es penetrar la Síntesis, espaciar en el Sonido. Nada hay más preciso y científico, más bello y verdadero. En la intuición el ser devela la "melodía" que reconduce a la Fuente, Música por excelencia. Todos los mecanismos de la mente concreta se revelan como son: carentes de vida. Pequeños fantasmas que se toman demasiado en serio y son sinónimo de extinción.

La educación que no tiene en cuenta la existencia real de la Alegría y la Belleza es bien poca cosa, tiempo transcurrido sin humanidad, con carencia de luz y de sentido.

Es inútil discurrir para explicar, hacer retórica convincente, probar aserciones para afirmar. Cuando han terminado estos actos teatrales, volvemos a casa como éramos antes, sin cambios, no transformados, ni convencidos, ni seguros, mientras el tiempo sigue su recorrido horizontal. ¿Existe un modo para verticalizar el tiempo y el espacio? ¿Una experiencia que nos permita vivir la "esfericidad" de la Belleza?

No se trata de estéticas estériles ni de pertenencias vacías. La esfera es completa y multidimensional. Si el vehículo es el Sonido, dejemos que nos lleve a la región Sinfónica. Un Sonido musical es capaz de transmutar el espacio. La atmósfera psíquica puede tornarse un nuevo espacio si se trata pitagóricamente. Cada espacio tiene cualidades particulares. En él conviven dimensiones diferentes y complementarias. Partiendo de nuestro "núcleo eufónico", podemos transmutar el tiempo y el espacio, dando inicio así a un proceso llamado "mayéutica": el nuevo nacimiento más allá de los límites del espacio y del tiempo. Es posible.

La función de la Música

Si los seres tienen su rol en este planeta, también la Música lo tiene y con pleno derecho. Pero Música no es el arte de combinar los sonidos y los ruidos, como quisieran las eruditas definiciones. Es la propia Música la que nos lo demuestra sin documentos.

De hecho, los documentos pueden ser impugnados y falsificados. La Música, en todas las épocas de la historia, ha demostrado su primordialidad porque no se ha dejado atrapar. Afortunadamente no es definible y no lo será nunca, a tal perfección llega su reino. Sólo lo exacto, lo preciso, lo matemático, lo artístico, lo divino es indefinible. Ya su vehículo, el Sonido, aunque estudiado y manipulado escapa a todas las manos y las mentes de archivo, transmutándose como Proteo. Tantos mundos penetra. Tantas aplicaciones tiene. Tanto expresa. Una función de la Música, un aspecto suyo es hacernos partícipes de su naturaleza, hacernos permeables a las vibraciones que trae de mundos lejanísimos al alcance de la mano, y que sólo Ella es capaz de presentar y evocar.

La Música del mundo expresa la cohesión y cercanía esenciales entre los seres. Sólo Ella está contenida en los elementos de la naturaleza, en la fisicidad del Ritmo, en la emoción de la Melodía, en el pensamiento sutil de las muchas voces, en la intuición estática del silencio.

La inspiración musical

Desde tiempos remotos la inspiración musical constituye un misterio. De poco sirvieron los enfoques musicológicos y críticos para comprender lo insondable del momento creativo. Aun cuando en las civilizaciones antiguas la figura del compositor no existía, con las connotaciones adquiridas en los últimos siglos de la historia de la música occidental, la inspiración creativa o re-creativa representaba un don debido más a la justa captación de una realidad que a la combinación arbitraria de elementos sonoros. La sola idea de que en el sonido entonado se sintetizan innumerables significados y, sobre todo, correspondencias exactas con elementos macro y microcósmicos, dará lugar a una de las experiencias más fascinantes que pueda vivir el ser humano.

En la respiración la fase de la inspiración se produce cuando se almacena el aire, a través de la nariz (y en algunos casos también de la boca) en los pulmones, antes de exhalar el aliento. Es muy interesante notar que cuando nos referimos a la inspiración creativa decimos que el artista *está inspirado*, como si éste fuera un estado producido con total autonomía. En realidad, cuando la intuición y los medios de expresión están armonizados, nos volvemos transparentes, translúcidos, entramos en una suerte de estado en el cual la mente no filtra los acontecimientos de la conciencia sino que los transmite casi sin sacarles su intensidad luminosa. De la inspiración a la obra se presenta un abismo psíquico, a punto tal que, por lo general, para quien vive este estado directamente, la obra es sólo un intento, aunque grandioso, de manifestar la visión-audición de la inspiración. Queda el hecho que el ser inspirado – no pasivo e inconsciente, ni medium indefenso – *está involucrado en la respiración* del propio Ser o de un Ente superior a él que generosamente hace al hombre partícipe de su naturaleza, gracias a la existencia de algo similar que los une. Por consonancia, armonías superiores se conjugan en el único fin no egoísta de revelar en sonidos la extrema concreción de la verdadera libertad.

La naturaleza de la consonancia

Un contacto creativo se produce cuando dos cuerdas vibran simpáticamente. Los armónicos que se crean son mayormente potenciados cuando ambas cuerdas resuenan el mismo tiempo. Si pudiéramos comprender la clave psicológica acordándonos de ser cuerdas vibrantes, las relaciones humanas serían armónicas y ricas, no pobres de resonancia y volumen.

Dos sonidos consonantes no son iguales sino que en ellos hay un profundo principio de acuerdo. Sin que pierdan el color particular, el matiz de timbre y suavidad, predomina en ellos todo lo que tienen en común, y justamente por esto emanan una cascada de armónicos que resuenan en el cosmos entero. Un acto consonante nuestro resuena; una palabra que refleja vívidamente la acción y el pensamiento resuena; una vida vibrante de todos los armónicos resuena nutriendo a la Tierra.

Del fenómeno vibratorio de la consonancia podemos extraer más enseñanzas que de mil filosofías estériles. El sólo acto simple de la *cuerda vibrante* está comunicando principios olvidados porque pertenecen a la sabiduría, separada del intelecto sin experiencia.

Tres sonidos vibratorios constituyen la primera tríada/acorde resonante. El contacto entre muchos acordes vivifica, potencia, coparticipa. La teoría de las proporciones dice que cuanto más simple es la relación entre las frecuencias, tanto más consonante es el respectivo intervalo. Son consonantes la octava con relación 1:2, la quinta con 2:3 y la cuarta con 3:4. La división armónica de la octava sigue el principio de la consonancia.

Fundamentos físicos y psicológicos del sonido

En la definición más común, el sonido es el "complejo de las ondas y las vibraciones mecánicas de un medio elástico comprendidas en la banda de frecuencia perceptible por el oído humano (de 16 a 20.000Hz)". Infrasonidos son las vibraciones por debajo de los 16 Hz y ultrasonidos las superiores a los 20.000Hz.

Nuestro mecanismo audio-mental sigue parámetros ligados al tipo de vibración, a la frecuencia, la amplitud, la dirección de propagación, las pulsaciones, el volumen, el peso y la densidad sonora. Sólo con fines analíticos es posible separar la acústica física de la psicoacústica. Los contenidos semánticos de los intervalos musicales, de las escalas o los acordes forman parte de una realidad subjetiva y objetiva al mismo tiempo. En la experiencia eufónica todos estos elementos y muchos otros actúan sinérgicamente demostrándose válidos según el plano de contacto/experiencia.

Son cinco los aspectos que actúan sinérgicamente como envolturas del "núcleo eufónico":

1) El aspecto físico
2) El aspecto energético
3) El aspecto psico-emotivo
4) El aspecto mental
5) El aspecto intuitivo

Lo que es verdadero y exacto en un plano es incompleto si está limitado a un aspecto de la experiencia. Cuando los rayos del Sol broncean nuestro cuerpo no podemos concluir que éste sea el único efecto provocado por sus radiaciones. Se está produciendo una acción global y sinérgica.

Cada ser posee estas 5 envolturas del "núcleo eufónico".

Las características de la propia conformación son expresiones de una parte de la esfera eufónica en el tiempo y el espacio. La gradaciones de matices presentan mayor o menor densidad vibratoria, o bien menor o mayor velocidad, del aspecto físico al intuitivo.

Así como la velocidad del sonido tiene grandes diferencias si atraviesa medios diferentes (340 m/s en el aire, 5.800 m/s en el hierro, 1.480 m/s en el agua), cada aspecto tiene velocidades y densidades relativas. La velocidad es directamente proporcional (en proporciones especiales) a la cercanía espacio/temporal al "núcleo eufónico", mientras que la densidad tiene una relación inversamente proporcional. El aspecto más denso es el físico, el más veloz el intuitivo.

Encarándola de esta manera, nuestra exploración será multidimensional y rica.

Las señales acústicas son transmitidas al cerebro por medio de impulsos eléctricos de 30.000 fibras nerviosas. 1500 niveles de altura del sonido, por 325 niveles de densidad acústica, forman una cantidad de aproximadamente 340.000 valores que llegan al cerebro desde el nervio acústico.

La altura

Es la característica del sonido que proviene de la frecuencia. Hay una altura relativa que depende de la relación existente con un sonido fundamental o diapasón. El diapasón ha sido determinado por convención en 1939 en Londres, en el La^3 de 440 Hz con una temperatura de 20° C. Esta elección, que ha facilitado y ordenado el proceder en la vida musical, tanto para la construcción de instrumentos musicales como para las afinaciones, ha originado una pérdida del valor real de la altura, alterando el significado de la altura absoluta.

La afinación pura sigue las proporciones de los intervalos naturales, mientras que la afinación temperada subdivide la octava en 12 intervalos de ½ tono, o sea, matemáticamente determinados.

La altura absoluta es la relación entre la frecuencia y la unidad de tiempo (el latido cardíaco para el hombre). Cada uno de nosotros, dada la propia conformación, tiene un sonido fundamental, de base, que es el diapasón, en relación con el cual emanan escalas musicales. Establecer el propio sonido de base es conocer las relaciones de frecuencia entre los propios centros vitales. La doctrina del *ethos* de los modos reside en esta premisa, como también la teoría de los *"ragas"*, donde cada matiz de los intervalos corresponderá a estados emotivos y centros de energía vital.

El diapasón era buscado constantemente en la antigua China, para reequilibrar las energías del Cielo y de la Tierra.

La altura relativa a una base variable hace que el significado sea alterado. Una orquesta afinada según criterios diferentes modifica enormemente los colores tonales de una misma pieza musical.

El timbre

El color que caracteriza a un sonido es el timbre. Cada voz, o instrumento musical, tiene una característica propia bien definida que, acústicamente, puede ser leída con la ayuda de los oscilógrafos. Los armónicos superiores del sonido fundamental pueden ser aislados y visualizados en el espectro acústico. Según la distribución de los armónicos y las formantes (frecuencias reforzadas), el timbre variará ofreciendo un componente numérico esencial que, aunque sea imitado, no puede ser sustituido. Por el timbre de voz es posible establecer el estado de salud y las características psicológicas particulares de un individuo. El timbre del oboe o del violín varía según los materiales de construcción; tocados simultáneamente en el mismo tono revelan una sustancia acústica diferente. Una orquesta sinfónica posee riqueza tímbrica de colores. El timbre evoca una historia y es inconfundible e irrepetible. Los archivos de voz existentes en algunos países revelan la identidad de un individuo como las huellas digitales.

En la magia, el timbre tiene una función esencial. Conocer el timbre sirve para llamar a las cosas y los seres por su propio "nombre". El principio del canto imitativo en la caza parte del presupuesto de la posesión, por parte del mago, de la esencia del animal a través de la imitación del timbre característico.

Nuevas investigaciones han revelado que el timbre depende también del inicio y la extinción del sonido, al punto de variar la percepción y condicionar el sistema auditivo. Fritz Winckel dice que "el timbre se modifica según la velocidad de emisión de los sonidos".

El tiempo y la duración

La duración de un sonido está sujeta al ritmo interno. El metro y los latidos marcan unidades temporales breves o prolongadas con mensajes diferentes en su intensidad. Los valores de duración de una obra musical respetan también un "tiempo" relativo y subjetivo, aunque exacto en los mínimos detalles. Todas las unidades rítmicas y los valores de duración pueden estar en perfecta armonía entre sí, pero en su conjunto variar la intensidad del significado gracias a una marcación diferente del mismo tiempo. Cuando los compositores indican un Adagio o un Allegretto, las duraciones interpretativas pueden tener grandes variaciones, aunque las relaciones internas de duración queden intactas. Algunos compositores, como Béla Bartók, indican con precisión cuánto tiempo deberían durar las piezas, pero aunque se satisfaga este requisito, la duración no será igual, en los valores internos respiratorios, entre dos intérpretes o dos versiones del mismo intérprete.

El tiempo en la música está vinculado a la percepción de los ritmos internos. Los físicos hablan de una constante del tiempo auditivo calculada entre 1/10 y 1/20 de segundo. Winckel dice al respecto: "El significado de la constante del tiempo trasciende en mucho el dominio de la audición. Representa para todos los órganos de los sentidos el "délai humano" del conocimiento del mundo sensible".

Alain Daniélou, en su obra fundamental "Semántica musical", dice:

"Existen límites muy precisos del tiempo requerido para la percepción analítica de los sonidos, como también para las posibilidades de variación de la intensidad y la altura de los sonidos.

El oído puede registrar un número limitado de elementos sonoros por unidad de tiempo... los sonidos que se suceden a más de diez por segundo no puede ser percibidos con precisión. Si el oído se mantiene atento por medio de un nivel sonoro constante, la rapidez y la precisión de la percepción son mayores. Este es uno de los roles, en la música de la India, del Tanpura, el instrumento de cuerdas con un sonido rico en armónicos que mantiene el pedal de tónica".

Los sonidos no se pueden diferenciar con precisión si su duración no es superior a esta constante (1/10 a 1/20 s) que está situada en la región del *ritmo alpha* del cerebro. Una pulsación de frecuencia superior a 10-20 por segundo dejará de tener carácter rítmico para ser percibida como un valor continuo que llamamos altura del sonido.

"El ritmo alpha parece ser, en efecto, la base que determina el valor del tiempo relativo y, en consecuencia, todas las relaciones del ser vivo con su ambiente. Él condiciona todas las percepciones".

El oído

Tres partes principales constituyen el oído: el oído externo, el oído medio y el oído interno.

El oído externo tiene la función de captar el sonido. El meato acústico externo amplifica las ondas sonoras de dos a tres veces.

El oído medio lo transporta ulteriormente. Tres huesecillos, el martillo, el yunque y el estribo amortiguan las vibraciones que la membrana del tímpano transmite a la caja timpánica.

El oído interno está formado por un aparato vestibular con tres canales semicirculares. Es sede del sentido del equilibrio, mientras la cóclea, que contiene la rampa vestibular y la rampa timpánica, es sede del órgano de la audición. Los dos conductos se conectan con la cóclea mediante el helicotrema, que contiene perilinfa. 3.500 grupos de células filiformes subdivididas en células internas y externas forman el órgano de Corti.

Las frecuencias hasta 2.000 Hz son transmitidas por el oído medio. Las que superan esta intensidad son transmitidas por los huesos del cráneo. Los límites de audibilidad están entre 16 y 20.000 Hz. El órgano del oído es sensible, ligado al sentido del espacio. En la antigua filosofía hindú el éter es una cualidad del espacio de la que emana la cualidad sensible del sonido. La percepción de sonidos sutiles inaudibles se produce gracias al desarrollo de un órgano más sutil que el oído. En realidad todo el organismo puede ser educado como receptor y transductor de las energías. Es fundamental para la profundización de la Eufonía saber que cada célula física contiene un principio mental-intuitivo conectado con un sentido interior del oído. Abrir el oído significa ser capaces de escuchar con todo el organismo psicosomático. El influjo de sonidos sentidos o pensados puede irradiar en el vasto mundo, inaudible para el sentido físico, como cantos que emanan sustancia consciente. Las melodías no pronunciadas o entonadas existen y se pueden "escuchar" a distancias mayores, y por lo tanto a otras velocidades que la de propagación en los materiales del sonido.

EUFONÍA y la antigua ciencia del GĀNDHARVA VEDA

En el antiguo texto sánscrito de *Rāmāmātya, Svara mela kālanidhi*, se hace referencia a la música celeste o perfecta, no sujeta a las limitaciones e, por lo tanto, permanente y eterna en sus significados esenciales. Esta se llama, en sánscrito, *Gāndharva*. También los músicos celestes, *Devas* o Ángeles de la Música, son llamados *Gāndharvas*. El término está vinculado a la noción de olor (*gāndha*). Se piensa que las ideas o emociones son conducidas directa y espontáneamente por los sonidos musicales como un perfume por la brisa, sin mediar el análisis.

"La música llamada celeste es la que siempre ha sido practicada por los músicos celestes y que es un medio seguro para lograr la liberación del alma, mientras que los cantos ordinarios, que gustan a la gente, han sido inventados por los compositores (*vaggeyakara-s*) según reglas empíricas. La música celeste sigue las reglas de la teoría exacta".

La música de las esferas y la "música mundana" de la Edad Media son un reflejo todavía vivo de la tradición antiquísima que quiere que uno de los *Vedas*, entre los cuales están *Rig, Sāman, Athārva* y *Yajur*, fuera el *Gāndharva Veda*, el libro de la Música Perfecta. Muchos son los vestigios de este libro, desaparecido de las colecciones como una unidad en la que se tratan los temas más preciosos de la tradición musical. No obstante, es posible descubrir, en civilizaciones distintas de la ario-védica, restos diseminados de un conocimiento que parece ser legado común de la humanidad. Asia, África, América y Europa conservan fuentes que conciernen a la Ciencia del Sonido y que todavía no han sido descifradas y menos aún experimentadas.

Una idea de la importancia del *Gāndharva Veda*, apéndice del *Sāman*, del que quedaron 13 de sus 999 secciones, pueden brindarla los temas del índice conservado por la tradición y que el *Pandit Ram-das Gaud* ha resumido en su obra *Hindutva* (Benarés, 1935).

1. Definición de la palabra audible. Origen del sonido verdadero. Efecto de la audición. Origen del sonido relativo (*pratidhvani*). Efecto del sonido relativo y sus formas.

2. Origen del Lenguaje. Origen de la articulación (*varna*). Las formas vibratorias (*prakara*). Los modos vibratorios (*vidhi*). Naturaleza de los sonidos continuos (notas y vocales, *svara*). Los diferentes sonidos continuos. Naturaleza de las consonantes (*vyanjana*). Los diferentes grupos de consonantes.

3. Reunión de los sonidos continuos y las consonantes. Duración y altura del sonido. La forma de los sonidos continuos. Las siete notas: *Shadja* (Do), *Rishabba* (Re), *Gandhara* (Mi), *Madhyama* (Fa), *Panchama* (Sol), *Dhaivata* (La), *Nishada* (Si). Las dos formas del bemol y el sostenido para cada nota. Las tres escalas sonoras (*gramas*). Las 21 formas plagales. Formación de los modos principales (*ragas*); de los modos secundarios (*raginis*). Los modos híbridos. Los modos compuestos. Intervalos armónicos y disonantes. Descripción de las nueve categorías de las emociones (*rasas*). Notas predominantes. Consonancia (*Samvadi*), Disonancia (*Vivadi*). Asonancia (*Anuvadi*). Desarmonía (*Virodhi*). Armonía (*Amurodhi*). Diversidad de las formas musicales según las épocas, el efecto deseado, los países y la inspiración individual.

4. Naturaleza de la expresión. Posibilidad de expresión. Las 36 formas de la expresión. La sensación de placer. Su causa. Su instigación. Su proyección. Su difusión. Su concentración.

Unión indispensable del lenguaje y del tiempo. Correspondencias naturales. Origen de los trastornos explicados como falta de conformidad a los ritmos del tiempo. Curación de los trastornos. Curación de las enfermedades. La formación de las fórmulas herméticas (*mantras*). Métodos mágicos (*tantras*). Diagramas mágicos (*yantras*). Cómo equilibrar la acción de ciertas fuerzas. Cómo equilibrar la acción de ciertas ciencias. Desplazamiento de objetos.

5. Color y forma de la palabra. Las dos divinidades. El poder y la influencia de los modos musicales. Aspectos divinos correspondientes a los modos. Correspondencias metafísicas (*paramatmika sambanda*). Origen del apego. Puesta en guardia.
Las seis estaciones. Método para detener el efecto de las estaciones. Método para detener el efecto de las acciones.

6. Simbolismo de las palabras.

7. Fricciones del Éter (*sangharshana*). Atracción y repulsión de los elementos sutiles.

8. Control de los elementos sutiles Cese del sufrimiento. Evocación de los seres celestes. Su liberación. Relaciones terrestres.

9. Relación de los sonidos continuos y del tiempo. Su disociación. Reunión y disociación de los elementos.

10. El esplendor divino. El conocimiento de las causas. El conocimiento del Creador.

11. Efecto benéfico de ciertas fórmulas sonoras. Invocaciones preliminares. Necesidad de los ritos. La música ritual (*Yajna gāna*).

12. La música de la selva (*Āranya gāna*). La música trascendente (*Uhya gāna*). La música instrumental (*Vainya gāna*).

13. La Danza. Necesidad de la danza. La construcción de la sala para la danza. Las formas de la danza. Origen del ritmo. Los diferentes ritmos. Relación entre el ritmo y la danza. La música instrumental. El objeto de la música instrumental. Los instrumentos y la expresión musical. Los diferentes instrumentos. La música de las esferas (*akashika gāna*). La música celeste basada en las formas herméticas. La música de los músicos celestes (*gāndhāra garana*) y de los mimos celestes (*charana garana*). La danza de las *apsaras*. La danza de los genios (*Uragas*). La danza del pavo real. La danza ritual masculina.

Los diferentes tipos de flauta. Atracción. Encanto. Estupor. Los enlaces rítmicos.

Las campanillas para los tobillos.

Las guirnaldas. Los lechos de flores. Forma y uso.

Cantos solares. Cantos lunares. Cantos estelares. Los ritmos transcendentes.

14. Las antiguas obras sobre la ciencia de los sonidos y sus contenidos. La danza de las aves. La danza cósmica. El estado de vigilia, sueño y ensoñación de los sonidos. Etc.

Relación existente entre los sonidos y el organismo psicofísico

Todo el cosmos vibra musicalmente. Los seres con sus particularidades vibratorias constituyen una orquesta multicolor. Las diferentes voces, los idiomas y los modos de expresión reflejan un uso constante de elementos sonoros aplicados a la comunicación verbal. El lenguaje es sin duda uno de los componentes que puede ser comprendido en términos eufónicos. Los sonidos, vehículos de la idea, sirven para expresar, si son justamente pronunciados, el estado interior. La oratoria, originariamente inspiración logoica, dominio del Verbo y permeación de la Palabra primordial, se convierte, con el lenguaje común, en un pobre medio de transmisión de pocas formas rudimentarias de la naturaleza musical de la existencia, ya no creación de un mundo interno sutil y trascendental, sino forma meramente externa de significados sepultados. La Poesía, manteniendo en el ritmo y la métrica algunas marcaciones de ritmos verdaderos, recuerda la fuerza de imaginación, el vuelo y la perfección que puede alcanzar el decir humano cuando lo penetran el Amor y la Inteligencia.

La presencia de nuestra conciencia en cualquier espacio vital emana un acorde vibratorio que transmuta e integra, influyendo de manera positiva y negativa. Se podría decir que ninguna palabra es necesaria para sentir la cualidad magnética de una presencia humana. Aunque las palabras puedan velar los reales contenidos psicológicos manifestados por un individuo, nada puede alterar el efecto real que irradia la serie de envolturas del núcleo eufónico en el silencio. La conciencia de la influencia de nuestras palabras sobre los demás puede ser alcanzada si reflexionamos sobre los movimientos que han dado origen a la palabra. La semántica ha asistido a la psicología en la búsqueda de los contenidos expresados en la palabra o en el significado onírico, pero aún no se ha determinado la influencia que produce la sola presencia. Para arribar con éxito a una realidad en apariencia fuera del alcance, tendremos que abrir la percepción a una experiencia de base: "nuestra presencia es un acorde resonante inaudible".

El núcleo eufónico, aunque develado en parte, no completamente, emite parciales sonoros que permiten deducir una tónica fundamental.

Variedades energéticas de luz, color y ondas radio se proyectan también a través de los órganos etéricos, con variaciones cromáticas y tonales dependientes de las velocidades de rotación de las partículas del órgano en particular.

Cada uno de estos centros energéticos tiene funciones reguladoras de los órganos y las glándulas físicas. Los vórtices vinculados con los centros energéticos se identifican como:

Coronario	Glándula pineal
Hipófisis	Glándula hipófisis
Cardíaco	Plexo cardíaco
Solar interno	Plexo solar
Solar medio y externo	Plexo solar
Hepático	Plexo hepático
Sacro	Plexo sacro e hipogástrico

Se observa una relación específica entre los centros energéticos y los sonidos musicales. Cada escala musical origina un efecto sobre los centros. Las antiguas ideas de los chinos, los hindúes y los griegos con respecto al poder de armonización de la personalidad y la influencia educativa de ciertos modos o escalas están vinculadas a la realidad de nuestra vibración interior.

Se aplican diversas correlaciones entre los sonidos musicales y las diferentes partes del organismo espiritual y psicofísico.

Las claves verdaderas de tal enseñanza podrán encontrar aplicación cuando el conocimiento sea puesto al servicio de la naturaleza y el ser humano. Todas las formas de manipulación existentes actualmente, referidas a enseñanzas de gran envergadura para el desarrollo de la Tierra como unidad de amor, repugnan al espíritu que quiere conciencia para sí mismo y sus semejantes. Las formas más elevadas de Sabiduría contienen conocimiento y método, arte y ciencia. Sólo el desapego amoroso y el inegoísmo, el amor incondicional y la voluntad de servicio permiten al hombre girar las llaves del Conocimiento al servicio del mundo.

Será función del artista del futuro encarnar verdaderas dotes humanas para ayudar, curar y educar.

Los siete sonidos

Siete energías primordiales impregnan el universo. Siete modalidades vibratorias que dan vida a la sustancia, En conexión macro y microcósmica. De los mundos superiores a los inferiores la división septenaria interpreta cada aspecto de la existencia, come por ejemplo los siete planetas sagrados de la astrología, los siete colores del espectro luminoso, los siete días de la semana correspondientes a los influjos planetarios, la construcción septenaria de los elementos que componen la actividad humana.

En la Música las divisiones septenarias tienen como punto de partida los sonidos de la escala musical. Las gamas compuestas por siete sonidos se llaman heptatónicas y representan, en los sistemas antiguos como el hindú y el griego, la presencia divina en el universo, por ésta permeado, protegido y preservado. Cada sonido de la escala es la directa manifestación de un principio cósmico que, más allá del nombre que se le atribuya, es un punto de la realidad en el que prevalecen ciertos armónicos. Los siete sonidos derivan del Silencio primordial. Tal es la concentración de energía condensada en el Silencio inicial que todas las diferentes vibraciones están contenidas en él.

El nombre dado a los siete sonidos principales de la escala hindú es:

Shadja	Sa	Padre de los otros seis	Do
Rishabha	Ri	El toro	Re
Gandhāra	Ga	Perfumado	Mi
Madhyama	Ma	Sonido medio	Fa
Pañcama	Pa	El quinto	Sol
Dhaivata	Dha		La
Nishāda	Ni	Sentado	Si

La división dada por el *Sama Veda* es la siguiente:

Prathama	(primera)	Ma	Fa
Dvitīya	(segunda)	Ga	Mi
Tritīya	(tercera)	Ri	Re
Chaturtha	(cuarta)	Sa	Do
Pañcama	(quinta)	Dha	La
Atisvara	(nota extrema)	Ni	Si
Krishta		Pa	Sol

En el sistema perfecto mayor griego, llamado *sýstema téleion méizon* los nombres de los sonidos son dados en la octava, compuesta por dos tetracordos. El nombre de tetracordo deriva de las 4 cuerdas del *phorminx*.

Hypàte	Mi
Parhypàte	Fa
Lichanos	Sol
Mése	La
Paramése	Si
Trite	Do
Paranéte	Re
Néte	Mi

En el sistema chino:

Hwang-tchoung	Do
Thai-tshéou	Re
Kou-syen	Mi
Tchong-lyu	Fa
Lin-tchong	Sol
Nan-lyu	La
Ying-tchong	Si

Del himno a San Juan Bautista derivan los nombres dados a los sonidos musicales en el mundo latino:

UT queant laxis
REsonare fibris
MIra gestorum
FAmuli tuorum
SOLve pollutii
LAbii reatum
Sancte Ioannes

También las letras del alfabeto indican los sonidos musicales, fórmula en uso en Gran Bretaña, Alemania, etc.:

A	La
B	Si
C	Do
D	Re
E	Mi
F	Fa
G	Sol

Siete son también las figuras principales para la notación que indican la duración con los respectivos silencios.

Siete octavas nos permiten oír siete sonidos – Do, Re, mi, Fa, Sol, La, Si – con diferentes tonos, con el mismo nombre y la misma relación de frecuencia vibratoria. Los sonidos equivalentes de las diversas octavas tienen una expresión y un significado diferente. Aunque prácticamente lo llamamos Mi o Fa, el registro estimula efectos totalmente diferentes si las octavas son más altas o más bajas, agudas o graves, en relación con el sonido central.

La voz humana tiene una extensión normal de 2 octavas, desde el registro grave al agudo. La calidad fónica se manifiesta en los registros de la voz de bajo, barítono, tenor, contralto, mezzosoprano, soprano, avanzando de los sonidos graves a los agudos.

Prácticas fónicas separadas de problemas de canto o estéticos permiten llegar a una extensión de 6 octavas en una única voz. La pronunciación de fonemas emitidos por diversas partes del organismo, formados por consonantes y vocales que se extienden en el rango completo de posibilidades, provocaría cambios y transmutaciones de procesos inconscientes y superconscientes ligados indisolublemente a la emisión vocal. Algunos ejercicios hechos con conocimiento de causa por *shamanes* siberianos, por monjes tibetanos como también en la salmodia del *Shomyo* (ceremonia de canto budista japonés), atribuyen a la emisión de vocales o vocablos una poderosa influencia liberadora de energías, provocando así una verdadera catarsis con efectos profundamente terapéuticos. En los últimos años el grupo teatral de Roy Hart promovió una cuidadosa investigación de las posibilidades de dirección del sonido de la voz humana como contacto con el Ser.

Uno de los secretos de los antiguos egipcios estaba constituido por el canto de las 7 vocales o las divinidades cósmicas. Los gnósticos conservaron esa práctica religiosa con absoluta conciencia de sus efectos. Cantar las 7 vibraciones primordiales será considerado como la conciencia humana de poseer dentro de sí el sonido y los sonidos.

Cada sonido principal tendrá también una relación muy estrecha con las vibraciones luminosas cromáticas. Basta actuar con longitudes de onda en vez de longitudes de la cuerda para confirmar la correspondencia entre sonido y color y descubrir una clave especial para la educación, la terapia y la realización.

Colores audibles y sonidos visibles constituyen ese acorde resonante que nuestra presencia emite ininterrumpidamente de acuerdo con nuestro estado psíquico individual.

La relación sonido/color se considera usualmente de la siguiente manera:

Do	Rojo
Re	Naranja
Mi	Amarillo
Fa	Verde
Sol	Azul
La	Índigo
Si	Violeta

Es necesario aclarar que algunas correspondencias se deben aplicar siguiendo criterios y parámetros en relación con una cosmología global que tiene en cuenta procesos interiores en los que los matices, los detalles en apariencia irrelevantes, pueden alterar los efectos y el significado de un determinado intervalo musical o relación en la escala de sonidos o cromática.

Todas las cosmologías de la antigüedad han percibido claramente la relación sonido/color. En el lenguaje de la música no por casualidad hablamos de *tono, escala cromática*. Compositores como Rimsky Korsakov, Scriabin y Schoenberg "verán" los colores de los acordes tonales mayores y menores. Kandinsky y Klee "escucharán" los sonidos de los colores y las formas.

La Voz y el Lenguaje Hablado

La voz humana, con las posibilidades del sonido articulado y la emisión vocal entonada en el canto, es el instrumento más importante que poseemos, en cuanto seres humanos. El enfoque de la Eufonía parte de la voz como reguladora de los movimientos mentales. La identidad cuerpo-respiración-mente es una aserción que todos podemos experimentar. El rol de la respiración como puente entre la sustancia mental y el cuerpo se puede probar especialmente cuando un estado ansioso modifica el ritmo respiratorio, y también cuando una respiración profunda y bien regulada nos relaja y distiende, casi como si el sistema nervioso contraído fuera aflojado y masajeado en el momento de la expiración.

Las prácticas de *Pranayama*, con el sabio equilibrio de las respiraciones alternadas, modifican el recorrido y el ritmo energético de las cualidades solares (*Pingala*) y lunares (*Ida*), despertando con la retención el canal central que recorre la columna vertebral (*Sushumna*).

La peligrosidad de los ejercicios de *Pranayama* reside en no saber que se está trabajando con la energía sutil por excelencia, fuente de la voz humana y del sentido musical: la respiración. Cualquier alteración de la respiración influye en las modificaciones de la sustancia mental (*citta*). En consecuencia, sólo una investigación y una práctica que parta del núcleo pueden modificar la respiración. La causa profunda del desequilibrio se afronta entonces desde la base. El resto responderá armónicamente, llegando a los órganos, los tejidos y las células físicas, sin haber tenido este resultado como objetivo. La naturaleza psíquica está vinculada de tal manera a la correspondiente física que el trabajo efectuado sobre la estructura psíquica modifica la amplitud vibratoria de la respiración y los canales de nutrición de cada célula.

Es útil recordar que en la fonación participan:

- los músculos respiratorios de la caja torácica con los pulmones que actúan como fuelles,
- las cuerdas vocales de la laringe con la función de fuente de las vibraciones,
- los resonadores ubicados en las cavidades de la frente, la nariz, la boca, la tráquea y los pulmones.

La diversidad de tensión de las cuatro cuerdas vocales y el dominio de las variaciones de presión de los músculos respiratorios, permiten que el aire almacenado (la capacidad de los pulmones está entre 3.700 y 6.700 cm3 de aire, aproximadamente) obtenga gradaciones de la emisión según la ubicación de la voz (pecho, centro o cabeza).

La cavidad laríngea está formada por los cartílagos tiroideo, aritenoides y cricoides, las cuerdas vocales y la epiglotis. La posición de las cuerdas vocales se altera si la voz es aguda, grave o forzada en la emisión. Así el registro del habla comprende aproximadamente una quinta. En el período puberal se produce un alargamiento de las cuerdas que baja la extensión vocal de 2 a 3 tonos en las mujeres y de una octava en los hombres. Las cavidades resonantes son los senos frontales, las fosas nasales, la cavidad bucal y la tráquea (pecho).

En el lenguaje se pueden identificar lugares de articulación correspondientes a sonidos articulados guturales, palatales, cerebrales, dentales, labiales, guturales/palatales, guturales/labiales, dentales/labiales, nasales. Cada uno de los sonidos emitidos corresponde, según los gramáticos antiguos, a uno de los sonidos de la escala musical (52 sonidos). Las notas musicales están vinculadas con las vocales, y la duración breve, larga o prolongada está relacionada con la base del ritmo.

Del *Mahesvara Sutra*, una fórmula sonora dada por *Shiva* en un conjunto de movimiento, gesto y sonido articulado, provienen las raíces del lenguaje y de la música.

El *Mantra* es realmente la base del lenguaje articulado. Las sílabas tonales expresan un contenido mental capaz de despertar estados de la conciencia primordial. En la sílaba OM, formada por las letras A, U y M, encontramos un símbolo de las fases de la articulación vocal, desde la A inicial al lugar intermedio de la U, hasta la M labial. El universo vibra con el sonido OM, y todos los lenguajes y las músicas están sintetizados en el sonido que saluda al alba, al mediodía y al crepúsculo. Retomaremos más adelante el tema del *Mantra* y de las sílabas primordiales para visualizar con claridad de qué manera la comprensión de las raíces del lenguaje es también conocimiento de nosotros mismos.

La *Kabbalah* hebrea profundiza el significado místico de las letras del alfabeto, vinculando a cada una con un número y por lo tanto con un sonido, al extremo de considerar que, como la armonía en la música, la combinación de las letras provoca la alegría del alma y conduce a la espiritualización y la revelación profética. De hecho, los himnos y los salmos cantados ayudan al alma a ascender hacia su morada divina. La voz con alas.

En diversas inscripciones tántricas de la India y del budismo tibetano hallaremos la imagen del Hombre Cósmico (*Vishnu*) con una perfecta representación de los centros de energía, desde el coronario hasta la base de la columna, con un número de pétalos diferente para cada uno, que contienen letras del alfabeto que exteriorizan las vibraciones musicales que derivan del OM primordial. También en el cristianismo Jesús será representado como el Alfa y el Omega del ser. Más que metáforas, se trata de una sutil poesía reveladora de las realidades eufónicas, que emana de una sabiduría tan antigua como futurista.

Una parte del Lenguaje es poseída por el hombre, otra por los animales y los ángeles. Los diferentes idiomas son armónicos correspondientes a razas, pueblos y culturas del hombre, emanadas por el Lenguaje esencial humano en el que todos podemos comprendernos. Algunos hombres, como Pitágoras, conocieron el lenguaje de los animales y el de los ángeles. Como Orfeo, Pitágoras "habla" a una osa, a un buey y a un águila. También Krishna, entre otros, encanta a las fieras y las doma con la fuerza de la voz que sale de su boca.

La existencia de un "lenguaje verdadero" está confirmada por Shankaracharya; él dice que "las palabras verdaderas reproducen el procedimiento mediante el cual se desarrollan la Tierra y el Espacio, el día y la noche. Es en estos ritmos verdaderos donde los seres encuentran descanso y duermen; es en éstos donde los seres se disuelven a la hora de la destrucción. Es por estos ritmos verdaderos que cada ser vivo vibra, se mueve, se libra al pensamiento y a la acción, cuya naturaleza es vibración. Es por estos ritmos verdaderos que las olas se agitan y el sol aparece cada día".

Se dice que a causa de este poder el lenguaje verdadero, que poseen los Maestros de Sabiduría, no fue dejado a los hombres, sino que fue velado en la confusión de múltiples lenguajes. Sin embargo, en cada lenguaje es posible encontrar los orígenes y el poder del lenguaje verdadero. No es cuestión de palabras, aunque se trate de lenguaje. Es más ese "don de lenguas" celebrado en Pentecostés, donde las lenguas de fuego del Espíritu Santo confieren al hombre la percepción y comunión del Ultrasonido de la Palabra.

Tiempo, Espacio y Música

Esta parte versará sobre el núcleo esencial de la Eufonía y la posibilidad de desarrollo de la experiencia del estado eufónico aplicado a la vida cotidiana. La segunda parte del libro se dedicará a ejercicios que, si se profundizan, podrán cambiar las condiciones de la vida individual, para hallar Alegría y Belleza en cada instante vivido. Todas las menciones y los datos sirven para mantener una corriente intuitiva abierta a la multiplicidad de aspectos de la unidad. Una sutil apelación a nuestra "memoria" profunda que recuerda y desea atravesar las capas que ha producido el tiempo en nuestra conciencia, y ver aquella esencia siempre nueva y universal que reside en nosotros.

* * *

La estructura de la realidad está configurada en términos espaciales y temporales. El misterio de la limitación y de la duración existencial parece ocupar consciente o inconscientemente el pensamiento de cada ser humano. Los rasgos de la Belleza y la Alegría parecen perder consistencia cuando penetra en la mente el sentido de la impotencia, la pequeñez y las diversas formas del egoísmo que conviven en la Tierra: como si se tratara de un nivel vibratorio sujeto a leyes densas y pesadas, a las que parecería estar condenados por el hecho de haber nacido, sujetos a la enfermedad, la vejez y la muerte. De la ley de gravitación en el espacio al imperturbable ritmo del día y la noche, sucesivos y que, un día o una noche finalizarán para nosotros, todo parecería hablarnos de una inexorable caducidad, de una segura decadencia de las fuerzas y las energías, de un agotamiento de las mismas cosas que hoy nos mantienen "vivos" y en movimiento.

En el espacio todo se detendrá. En el tiempo, todo se detendrá.

Habrá un punto en el que "la materia que dura" no tendrá más consistencia, ni volumen ni duración.

Apenas se nos presenta este panorama, lógico, esquemático y frío, privado de emociones y de anhelos, desnudo de ideas religiosas o filosóficas, aparece algo que, aun cuando el todo parezca inexorablemente así, cambia la visión y pone en movimiento lo que se nos escapaba: la certeza de que el universo no es una máquina de extinción y que nosotros no estamos sujetos a las leyes de espacio y tiempo que creemos conocer muy bien, mientras que el error está justamente allí: afortunadamente hay un abismo entre lo que creemos y lo que es.

Constantemente en el tiempo debemos corregir puntos de vista, conocimientos, creencias nunca fijas, siempre cambiantes. Las imágenes de la realidad anterior son borradas totalmente o modificadas en detalles que pueden alterar el significado del conjunto. No era lo mismo mirar la estrella del firmamento límpido de la noche y viajar hacia esa estrella. La atmósfera terrestre nos la hace ver y creemos que la dirección es la correcta, pero la alteración de distancia podía ser de muchos años-luz, un detalle realmente de gran relevancia. Proyecciones continuas de nuestras creencias de la época histórica en la que vivimos envuelven las cosas que deseamos conocer, hasta que más tarde descubriremos que será necesario sacar y disolver estas proyecciones si queremos conocer verdaderamente. El método del error y el descarte ha permitido adquirir experiencia en lo que respecta a aquello que no se debería repetir, pero no podemos decir que nos ha permitido conocer el mundo y el universo como son y no como nos gusta creer que son. Shankaracharya, exponente máximo de la filosofía *Vedanta*, en un ejemplo fundamental para el discernimiento entre la realidad y la realidad ilusoria o *mâya*, nos advierte que no confundamos "la cuerda con la serpiente". Nuestra ubicación en el espacio y el tiempo, y por lo tanto la visión más o menos distorsionada, nos hace tomar por serpiente lo que en realidad es una cuerda. La capacidad de proyección es tan poderosa que antes de comprender la realidad podremos sentir temor, miedo, sospecha, duda, diferentes sensaciones que tienen su origen sólo en el error y que, entonces, nos parecerán verdaderas hasta el momento de descubrir la cuerda y por lo tanto disolver nuestra proyección.

Las cosas más importantes de nuestra existencia se ven de esta manera, y poco hacemos para corregir la visión. El miedo al cambio puede mantener el error por siglos. Lamentablemente esta visión de la que no se está seguro, sostenida con la energía sofocante del miedo, se comunica como sacrosanta verdad a los descendientes que, si está sujetos al miedo de la transformación, crean una cadena interminable en la comunicación del error.

Un movimiento que parta del núcleo y libere "energía nuclear humana" nos puede librar de las redes del error. Llegados a este punto sólo la experiencia directa y aguda es el fuego que abre la trama cristalizada y disuelve los hielos de la ilusión.

En la Música, el tiempo y el espacio dejan vislumbrar y por lo tanto vivir otra dimensión de la existencia. Cuando el genio de Beethoven siente que no hay religión ni filosofía más elevada que la Música, nos está comunicando no frases literarias con las que estaba encariñado, sino una realidad que su espíritu vivía como posibilidad absoluta. Sólo un alma eufónica puede extenderse dentro del reino de la Música como un águila tierna y libre.

El tiempo y el espacio relativo pierden consistencia y conservan sus leyes tiránicas cuando no hemos comprendido la Música que reside en el Corazón. En el gran juego de la existencia seguiremos algunas reglas en el tiempo y el espacio, no siendo del tiempo/espacio. "Estar en el mundo sin ser del mundo", dice Cristo, manifestando el corazón resonante. La irradiación nuclear, implícita en la expansión de conciencia de la resurrección, da un ejemplo de liberación de las prisiones del lugar y de la época. Prisiones mentales que se proyectan sobre un triste y oscuro mundo, sobre el cual la luz no puede llegar si no irradiamos.

La premisa de la Eufonía es la certeza de que cada ser vivo está destinado a irradiar (liberar la luz del núcleo). La fusión nuclear que crea un sol para tener energía sobre la Tierra es la expresión física de una realidad espiritual, que tiene un núcleo en cada criatura, del mineral al hombre y, sin duda, más allá del hombre.

Este es el reino de la Música Universal, del que todos provenimos. "El alma se siente, en la Música, como en la propia Patria celeste," manifiesta Robert Schumann y lo irradia en su música.

Las percepciones, las sensaciones, los sentimientos, los pensamientos, las intuiciones se alinean como una columna de luz y todas las contradicciones de la existencia se funden en la Belleza y en la Alegría. Las firmezas de los esquemas relativos demuestran su pobreza cuando el hombre que vive dentro de ellos ya no encuentra aire puro para respirar, porque no ha nacido para estar aprisionado en la tela de araña espacio/temporal, sino para adquirir experiencia de la libertad en el límite aparente. Las contingencias cotidianas, resueltas por el "espacio eufónico", conquistan armónicos. Cada acción es, entonces, un puente comunicante. Cada instante está compuesto por tantos instantes que el infinito nos permite atisbar. Un segundo encierra las experiencias verdaderas de millones de años. Basta con captar la realidad temporal. Poco interesa la unidad de medida, como las décimas de segundo, los segundos, los minutos, las horas, los días, los meses, los años, los siglos. En la Música la gran experiencia se puede hacer en un segundo del tiempo relativo. El Misterio de la conexión de las dimensiones existe precisamente en el medio del tiempo y del espacio, no en los intersticios. La Eufonía no tiene edad, así como el reino de la Música no se inició cuando en la tierra algunos hombres "crearon" la Música. ¿Cuándo comienza la historia verdadera del hombre? ¿Existe un año, un mes, un día? La materia, la energía y la luz son inseparables. Y revelan la verdad. El Tiempo, el Espacio y la Música son inseparables. Penetrar en ellos es nuestra tarea.

Yo Sueno y Yo Soy

Un antiguo tratado indio, el *Yajnavalkya Smriti* (111, 115), dice con límpida certeza: "El hombre que comprende el significado íntimo del sonido del *Vinâ* (laúd heptacorde), que conoce los intervalos, las escalas, los modos y los ritmos viajará sin esfuerzo por el camino que conduce a la liberación": De todos modos, será luego de una investigación atenta que se encontrarán afirmaciones de este tono e importancia, dondequiera que haya existido una civilización y donde ciertos principios fundamentales hayan sido vividos con la experiencia, sin dejar que la letra muerta consuma al verdadero conocimiento. Será útil aclarar que el *Vinâ* es considerado uno de los instrumentos cordófonos más antiguos que existen, sagrado por su elocuencia expresiva y por las sutiles vibraciones armónicas que produce su caja de resonancia, formada por dos inmensas calabazas. Pero implícito en su lenguaje estético musical, encontramos que *Vinâ* puede significar "hombre". Una interpretación de esa frase será entonces: "Aquél que se conoce a sí mismo en cuanto Sonido, relaciones y ritmos vitales, y flujo energético no inhibido, experimentará la Armonía". Así, como en el caso de otros instrumentos musicales que representan el microcosmos humano y las relaciones con el macrocosmos, veremos que la escala musical de los *shrutis* está constituida por 22 sonidos en el ámbito de la octava, que son 7 las cuerdas y que la caja de resonancia está formada por dos esferas sobre las cuales están colocados el puente y las clavijas. Se dice que el eje representa nuestra columna vertebral, las cajas los pulmones, y que la relación numérica entre los 22 sonidos de la escala y el número de las cuerdas 22/7, es la expresión aproximada de la relación circunferencia/diámetro, o sea que el número π (pi griego). Astrológicamente, 22 círculos cósmicos nos separarían del Sol y 7 son los planetas principales.

    La teoría del *ethos* de los modos musicales, o sea del significado íntimo de las escalas y del influjo de éstas sobre la psiquis humana, proviene de fuentes muy antiguas, vinculadas a una conciencia superior, teórico-práctica, de la función y el rol del Sonido y la Música. Todas las teorías surgen de la profunda experiencia esencial del Sonido como camino de conocimiento, de su poder sanador vinculado a la certeza de nuestra naturaleza psicofísica sonora. Los famosos "tratamientos" musicales que Pitágoras hacía a sus discípulos son sin duda testimonio de un principio que va más allá de la concepción particular de una civilización. En verdad eran fruto de una concepción global del ser humano, donde la investigación exacta y científica no se contrapone a la experiencia subjetiva, sino donde no puede existir la una sin la otra. Es inútil describir un sonido desde el punto de vista acústico y no escucharlo nunca, teorizando desproporcionadamente sin dar espacio a la experiencia. Aunque pueda parecer exagerado, ésta es la actitud normal que caracteriza a más de uno de nuestras aproximaciones a la realidad. Un verdadero abismo creado por nosotros se interpone entre lo que conocemos y lo que vivimos. Un solo sonido podría develarnos muchas realidades de nuestro ser. En verdad, la Psicología (*Psyché* = alma; *Logos* = Sonido, Vibración, Verbo) debería ser la ciencia que nos ayude a comprendernos como "seres sonoros".

    La Eufonía es el redescubrimiento de nuestra realidad sonora, audible e inaudible. La conexión entre Yo Sonido y Yo Soy no es un puro juego de palabras donde la filología supera a la vida. Las mayores cualidades de la existencia las expresamos verbalmente con términos musicales: soy y sonoro, resonancia de una acción mía, estoy de acuerdo, me acuerdo, tengo temperamento, me siento en sintonía, no estoy a tono, tonifico mi organismo, deseo vivir en armonía, y muchas otras maneras de indicar un estado de la conciencia. Es importante decidir si el uso de estos fonemas es sólo figurado o si en cambio "responde" a una realidad que, por ser "idéntica", no se expresa sino en el modo más justo. Estamos constituidos por frecuencias vibratorias regulares e irregulares que nos permiten vivir en cohesión, desde la célula al tejido, al órgano, a las funciones mentales. No se trata de una simple representación numérica de relaciones, sino de significados que para nuestro mundo de percepciones tienen una importancia fundamental. Sin nuestro "sonido", no podríamos existir y es gracias a la "constante emisión" que nuestro organismo psicofísico funciona "sinérgicamente". Cuando un equilibrio es alterado por factores externos o internos, la calidad vibratoria expresada en los "armónicos" de nuestra vida y el ritmo del flujo energético se resienten de inmediato, del mismo modo que la experiencia de Chladni con el sonido del violín y la arena: cuando la vibración cesa o cambia de intensidad, altura y volumen, la configuración visible es igualmente alterada. Armonía no significa mantener siempre la misma vibración dejando inertes los elementos de la personalidad, sino la adecuación fluida a los impulsos que nuestro Ser le transmite. Tener esto en cuenta nos permitiría evitar todos esos tipos de "cristalización" (costumbres, ritmos fijos, formas mentales rígidas, etc.) que son el primer punto generador de la enfermedad o "desarmonía". El Sonido y su uso prudente y dosificado tiene el efecto primordial de disolver cualquier cristalización o congestión energética.

Uno de los principios fundamentales de la acupuntura, del *Do-in*, del *Shiatzu* o de la medicina *Ayurvédica* es el de restablecer equilibrios perdidos por una descompensación circulatoria de las energías Cielo/Tierra. Pero si bien la aplicación de estas formas de terapia ha adquirido mayor importancia en las últimas décadas, nos preguntamos dónde quedó la "clave sonora" expresada en las tablas de correspondencia cosmológica. Por ejemplo, qué relación específica media entre las notas *Kio, Tché, Kong, Yu* y *Tchang* y el funcionamiento del hígado, corazón, bazo, pulmones y riñones, respectivamente.

También para los antiguos árabes el sonido de las cuerdas del *Ud*, antepasado del *La'ud* o laúd, estará vinculado a hechos estrictamente fisiológicos y elementales. "La cuerda *ziz* se asemeja al fuego y el sonido es caliente; la cuerda *mathma* se asemeja al aire, su sonido es dulce y fresco; la cuerda *mithlath* se asemeja al agua y su sonido es frío y húmedo; la cuerda *bam* se asemeja a la tierra, y el sonido es grave. La cuerda *ziz*, aguda, aumenta la bilis y combate el catarro; la *mathma* fortifica la sangre y se opone a la bilis negra; la *mithlah* aumenta el catarro y combate la bilis; la *bam* aumenta la bilis y calma la sangre". En el *Sangita Ratnâkara*, tratado sobre la música hindú del siglo trece, el primer capítulo dedicado al Sonido audible e inaudible está precedido por una minuciosa descripción del organismo humano, del cuerpo físico a la tríada espiritual *Atma, Buddhi* y *Manas*, dejando entender que no es posible comprender el significado del sonido y de la música sin un conocimiento exacto de la realidad psicofísica.

La repetición de algunas sílabas y nombres primordiales, ejerciendo influencia sobre todo el sistema nervioso, servirá para alcanzar altos grados de concentración hasta el éxtasis místico. Es ilustrativo citar el famoso *dhikr* de los Sufi, con la repetición del nombre de Allah, idéntica al *japa mantra*, con la sílaba *Om* y otros mantras específicos, al *nembutsu* de los budistas japoneses con la repetición del nombre de Buda, y finalmente a la plegaria de Jesús llamada *hesicasmo* y al descenso en la *Merkabah* de los antiguos cabalistas. Todas están unidas por una idéntica conciencia del principio de resonancia, verdad que los antiguos chinos expresaban de manera tan elocuente en el *Li-Ki*, el antiguo Memorial de los Ritos, diciendo: "La armonía entre el Cielo y la Tierra y el hombre no proviene de una unión física o una acción directa, sino de un acorde sobre un único sonido que los hace vibrar al unísono.... En el Universo no existe el azar, no hay espontaneidad, todo es influencia y armonía, acordes que responden a otros acordes".

Acá reside el principio fundamental de la Eufonía: el hombre puede comprender y realizar el Sonido y la Música que reside en él; basta que su personalidad, en vez de ser una caparazón protectora y sofocante, se convierta en un libre resonador amplificador: "persona". La Eufonía es la ciencia/arte que propone nuevamente la identidad hombre/ser".

De oír a entender

Una de las características principales de la experiencia eufónica es su gradual capacidad catártica. La exploración del sonido se produce de un modo tal que éste, se asocia sin dificultad a estados inconscientes, conscientes o supramentales que contienen cualidades que se asemejan a la naturaleza psicofísica humana.

Si la terapia está concebida como armonización de elementos contrastantes o en conflicto, es sin duda posible afirmar que el sonido es en sí un vehículo conductor de energías sutiles físicas, emotivas y supramentales, no sólo necesariamente en la música, que pueden ayudar a distribuir los flujos de modo rítmico y estable. Por esta razón avanzar dentro de ejercicios prácticos progresivos conduce a la persona que realiza la experiencia eufónica a estadios conectados con una apertura de la percepción no meramente cognitiva sino sintética e intuitiva. En este sentido la catarsis se convierte en una real transmutación de los elementos psíquicos indeseables, logrando disolver y resolver los puntos de congestión psíquica. Prácticamente, a partir del oír fisiológico sensorial logramos sentir todo el organismo psicosomático como un "gran Oído". De hecho, cuando pasamos del oír el estadio del "sentir", interviene el elemento afectivo otorgando nuevos significados a la misma realidad sonora, antes incomprendida e inconclusa.

En la Eufonía este estadio se llama "Yo soy un instrumento musical", constituido por una serie de experiencias bien definidas que nos permiten "sentirnos" instrumentos de nosotros mismos. Surge así naturalmente el estadio de la "escucha" que, aunque integra los estadios precedentes, abarca un campo, o esfera, mayormente expandido, con el factor "atención" capaz de seguir y modificar los movimientos vibratorios de la mente. Patanjali, en sus *Aforismos sobre el Yoga*, dice al respecto: "El Sonido (o Palabra), lo que éste indica (el objeto) y la esencia espiritual (o idea) que encierra, por lo general se confunden en la mente de quien percibe. Con la meditación concentrada (atención focalizada) en estos tres aspectos se obtiene la comprensión (intuitiva) del sonido emitido por cada forma de vida" (libro III, *sutra* 17).

Finalmente, en una esfera más central y esencial, surge en nuestra percepción "el entender". Como nos lo indica el propio término, la cuerda psíquica "tiende" hacia lo interno, hacia el núcleo, lo profundo. Una suerte de comprensión sintética es característica de este estadio, que la Eufonía llama "Yo soy Sonido". Las cuatro modalidades perceptivas conviven en estrecha cohesión que deriva de nuestra identidad como seres humanos: esferas interpenetradas con características propias que confirman el poder sanador y transformador del sonido. Así, terapéuticamente, la globalidad de la individualidad humana es partícipe, desde la célula hasta los procesos más abstractos de la mente, del Sonido, fuente de nutrimento constante, redescubriendo un nuevo vigor, una sustancial apreciación de la belleza y de la alegría de la existencia, un desbloqueo de tensiones y una clara limpidez mental y sensorial.

De todos modos, no es posible definir o describir en su totalidad la experiencia de la Eufonía con las palabras. El músico noruego Edward Grieg dijo que la Sinfonía *Júpiter* de Mozart es un "Océano de Eufonía"; aun siendo esta definición tan justa e inspirada, no logrará nunca sustituir en nosotros la experiencia de "escuchar" la Sinfonía. Siempre para el hombre la "experiencia" ha dado origen a la teoría y no viceversa.

Educación para Escuchar

En el *Tratado de la Flor de Oro* se nos comunica una antigua enseñanza oral que dice: "Hay una luz de los ojos y una de los oídos. La luz de los ojos es la luz externa, luz del sol y de la luna reunidas. La luz de los oídos es la semilla interior del sol y de la luna reunidas. La semilla es entonces luz cristalizada. Una y otra tienen un mismo origen, sólo él nombre es diferente. Inteligencia (entender) [oído] y lucidez (ojo) son comúnmente una misma luz activa".

Este proceso de la percepción auditiva y visual, descripto en términos simbólicos esencialmente intuitivos y no verbales, representa una acabada síntesis de sabiduría sobre la naturaleza acústica del ser humano. Bastaría someter esta afirmación, como también tantas otras pertenecientes al Conocimiento antiguo, a la "luz acústica" interna, para descubrir cuánto nuestro ser vivos se debe al fundamento acústico que impregna el mundo y lo sostiene.

La comunicación sonora pertenece a los albores de la vida humana en la Tierra, y no por casualidad todos los pueblos, indiscriminadamente, han vislumbrado en el Sonido y en la Música uno de los caminos de conocimiento más elevados.

"Todo el organismo psicofísico se comporta en nosotros como un oído". Los principios supramentales y la mente están conectados, a través de una sinapsis de corrientes energéticas, con cada célula del organismo. La función crea el órgano.

La fuente acústica del universo que se encuentra en el aparato humano configura, con diferentes velocidades vibratorias, órganos, energías, emociones y capacidades mentales, como verdaderos instrumentos de contacto del Ser, oídos sofisticados que sirven para hacer audible lo que se escucha sin sonido, para hacer inaudible lo que se percibe como sonido vibrante en el aire.

La auriculoterapia toma como base estas conexiones energéticas para centrar en cada punto de la oreja analogías precisas con la anatomía fisiológica y sutil del individuo. La misma conformación de la oreja era para los hindúes un signo de la relación entre el mundo aparente y el mundo interno, espacio musical de existencia viviente en todos nosotros. La comparación del hombre sabio con el elefante tenía una relación específica en la oreja, que es tan grande porque "ha oído mucho". Buda, Lao-Tsé y los Sabios en general serán representados con orejas alargadas como las del elefante, inspirador del Conocimiento profundo. De hecho, será Ganesha, hijo de Shiva, quien dictará los *Vedas* (Sabiduría eterna de la Naturaleza) a Vyasa. Este usará un diente de Ganesha para escribirlos. El término *shruti* significa "oído" y también "revelación", así como *svara* significa "notas musicales" y "luz". El sentido del oído es entonces sólo una diferenciación del oído psicosomático.

Akróasis: la escucha del mundo

Cuando escuchamos a una persona de manera integral podemos percibir su estado psicológico con extrema precisión, si tenemos un "oído" adiestrado. La voz expresa el contenido vibratorio del Ser sintetizado en ese fenómeno único que se denomina "timbre".

Las inflexiones verbales, el tono de la palabra, la claridad vocal, los armónicos, la intensidad (volumen), la altura, nos ofrecen un campo de investigación muy vasto y casi inexplorado a nivel profundo. Así como cambia la voz en el curso de los años, no sólo por la diferencia de tamaño de la cavidad laríngea, sino fundamentalmente por pasajes de fuerza que se consolidan, tornándose más estables luego de la edad púber, así también las modalidades tímbricas, armónicas y expresivas tienen transformaciones que reflejan sonoramente nuestra posición o actitud frente al mundo, la expansión y contracción de la comunicatividad, el estado de nuestras relaciones con nosotros mismos y con los demás, nuestra salud mental y fisiológica. El órgano de fonación y el de audición son una especie de hermanos gemelos que interactúan e interdependen constantemente.

Conocer ampliamente esta conexión nos lleva a reconocer y apreciar la importancia que tiene hoy una educación para escuchar, prevista en términos musicales y dirigida a todos sin excepción. La relación de la Vida con la Música es un factor que ha impregnado la historia conocida y desconocida de la humanidad, pero que no ha sido aún presentada a la atención como una de las formas más poderosas de salud global, y seguramente de medicina preventiva. Si se analizaran los métodos educativos usuales que no se basan en la "escucha activa", inducida desde la infancia, tendríamos clara la situación histórica que nos toca vivir, donde la *akróasis* (la escucha del mundo) ha sido dejada de lado o simplemente olvidada. El influjo acústico sobre el ser humano no proviene sólo de la denominada "polución sonora", o bien de ruidos, que tiene su parte en nuestra estabilidad psíquica, sino sobre todo de una total "sordera" en lo que respecta a escuchar la naturaleza y sus necesidades, al no reconocer los influjos que sonidos, músicas, palabras y actitudes pueden tener sobre la sensibilidad humana.

A menudo todavía hoy creemos que como el sonido se transmite a través del aire, el mismo es aire, y por lo tanto fugaz. Sería como decir que un hilo conductor de la energía eléctrica es la electricidad. Pero mientras nos cuidamos de no tocar un enchufe eléctrico, poco nos preocupamos de develar el significado, los efectos deletéreos y maravillosos que el sonido y su nueva percepción nos pueden dar. Una palabra cargada de emotividad nos puede dejar en estado de nerviosismo y otra positiva y llena de bondad nos puede cambiar instantáneamente el humor. El camino que una nueva ciencia, más amplia que la misma psicoacústica, deberá recorrer, va mucho más allá de la mera discursividad a la que estamos habituados, para dar lugar al uso agudo de la intuición por medio de la experiencia. Nuestro verdadero *background* es acústico, y para conocernos como Sonido y ser capaces de percibirnos a nosotros mismos con escucha atenta deberíamos hacer como los *acustikoi* de la Escuela de Pitágoras: volver a aprender a escuchar para poder entender, eliminando primero los propios ruidos no armónicos, sabiendo hacer silencio en la agitación de la mente, evitando crear "polución" con nuestra carga vibratoria, haciendo audible nuestra verdadera identidad humana.

Las experiencias realizadas por Hans Jenny con el tonoscopio, alrededor de las formas visuales que asumen las ondas vibratorias de cualquier naturaleza, especialmente las ondas sonoras, marcan un momento de conciencia, confirmando las antiguas doctrinas hindúes, chinas, egipcias y griegas, según las cuales cada sonido, por lo tanto cada onda vibratoria, está conectada con una forma en el espacio, por ella generada y mantenida en vida y movimiento. A nivel electromagnético, cada vibración produce un agregado de materia, internamente fundida en su núcleo por la intensidad y la característica de la onda. En su estudio, *Cymatics*, Jenny nos muestra múltiples formas, algunas de ellas geométricas, conocidas por nosotros como símbolos (cruces, triángulos, estrellas de seis puntas, etc.), producidas por un tipo de vibración. Él mismo aclara que no se ha realizado una investigación sobre el proceso del lenguaje y del potencial energético humano. Dos son las conclusiones a las que nos lleva esta sorprendente investigación cuyos postulados fueron científicamente demostrados:

1. Todas las civilizaciones antiguas que reconocen el rol del Sonido y de la Música como origen y fundamento del universo, como camino educativo, evolutivo y terapéutico, han tomado esta realidad con todos sus detalles, demostrando una sabiduría esencial y un conocimiento matemático de los armónicos, de los intervalos musicales y de la constitución cosmológica y sonora de las escalas, de los ritmos y de los movimientos, a descubrir, o redescubrir.

Basta recordar como, después de Pitágoras y Platón, Kant, Kepler, Leibniz y el propio Newton reconocieron el valor universal de los armónicos como clave sintética de conocimiento del Mundo.

2. Si cada sonido, onda vibratoria, palabra, pensamiento, sentimiento y movimiento crean formas, también nosotros estamos en consecuencia así conformados, y estamos creando continuamente formas de diferentes tipos, ignorantes de sus efectos. Estas se plasman en el espacio, tienen una vida en tanto dura la vibración, y se interceptan, funden y mezclan siguiendo leyes que les son propias, vinculadas a procesos mentales, emotivos y físicos.

Ahora exploraremos la relación que tiene la percepción auditiva con el espacio y el movimiento.

El espacio que se mueve en el sonido

Es bien conocida la relación que existe entre el oído y el sentido de orientación en el espacio. Todas las relaciones espaciales se desarrollan para el ser humano mediante un tipo de percepción que podríamos definir claramente esférica. En efecto, del oído parten y llegan infinitos estímulos que indican con precisión casi visual el sitio que ocupan los objetos en el espacio. El núcleo central de esta percepción puede estar localizado en el centro de la esfera del cráneo, en coincidencia con la glándula hipófisis. El sentido del equilibrio y de la estabilidad en el espacio reside en el oído interno, donde la cóclea representa el medio acuático que atraviesa el sonido para lograr el mecanismo mental de percepción, después de haber atravesado el medio aéreo. El movimiento, en este nivel de percepción, es ante todo ondulación de la "sustancia mental", extensión y contracción del mundo psíquico y emotivo y, por último, desplazamiento del cuerpo en el espacio. Cada tipo de movimiento se produce en planos o niveles de diferente sutileza e intensidad.

El valor terapéutico del sonido radica en su potencia para provocar la necesidad de moverse y expresar una acción corpórea, aunque el origen del impulso motriz no sea físico. Es fundamental aclarar esta diferencia para darnos cuenta de cómo nuestra mente está en continuo movimiento, generalmente no armónico, aun cuando nuestro cuerpo aparece quieto y estable. Nuestro cuerpo puede entonces moverse frenéticamente y no conectar esos movimientos con impulsos similares de la mente o las emociones. La investigación exhaustiva del movimiento en el plano de la mente y las emociones serviría a establecer una verdadera Gimnasia Eufónica que armonice los elementos constitutivos de la personalidad con el motor inmóvil que origina el movimiento. Llegados a este punto es claro por qué la Danza Sagrada en las culturas tradicionales era un medio para alcanzar las zonas elevadas del Ser, y simultáneamente, una representación del movimiento armónico del Cosmos en sentido individual y universal. Pero al ser el corazón un pequeño sol o núcleo de nuestro sistema, observaremos que el movimiento en el espacio no se inicia a nivel de la cabeza sino en la expansión de los miembros superiores que, en infinitas variedades de expresión, indican a través de las terminales nerviosas todo el movimiento vivificante y nutriente, con su punto de irradiación a la altura del corazón. Egipcios e hindúes nos enseñan que es "el corazón que piensa", no queriendo con esto indicar el órgano en sí como motor, sino su función primordial en todos los soles o núcleos de nuestras células o átomos de materia. Vale la pena a este punto recordar que el corazón será la sede del sonido inaudible, el *Nada* sánscrito. Las arterias delgadas, que en el *Yoga* se denominan *nadi-s*, están formadas por "sustancia sonora" que la mente no domina de forma consciente.

Los miembros superiores e inferiores expresan modalidades de acción. Es interesante notar que el mundo de las Artes está vinculado a los "miembros" y que este homónimo expresa con el mismo sonido una realidad de similitud y complementariedad (la palabra *arti* en italiano significa artes y miembros).

En las experiencias de Eufonía realizadas con sonidos de la naturaleza, músicas elegidas expresamente o con la propia voz, es notable sobre todo el sentido de armonía y bienestar que una percepción auditiva más precisa puede proporcionar. Esto se debe, hasta donde se puede explicar una experiencia no verbal, al valor nutritivo y saludable del Sonido, que crea, sintetiza, resume, eleva, conecta, funde, transfunde, disuelve, cataliza.

En el intervalo musical hay espacio. Se llama intervalo la distancia que hay entre dos sonidos. Cuando un intervalo se percibe sucesivamente (por ejemplo el intervalo de quinta Do-Sol), o sea tocando primero una nota y luego la otra, el tiempo funciona de manera diferente que si tocáramos el mismo intervalo simultáneamente. En el último caso la relación simultánea de percepción crea un espacio, no sólo acústico sino corpóreo. Los persas habían sistematizado formas particulares de terapia con el uso de ciertos intervalos musicales repetidos hasta que el sentido íntimo penetrara en el paciente corrigiendo el desequilibrio energético de un determinado órgano o centro. Hans Kayser llamaba a este efecto de la acción de los intervalos surgidos del canon armónico "audición visual", para expresar la sutil relación del sonido con el espacio. De las 9 octavas que constituyen la totalidad del espectro sonoro, 7 son perceptibles por el oído humano. El espacio intratonal, o sea todos los sonidos que se encuentran dentro de un tono, por ejemplo entre el Do y el Re, representan un microcosmos infinito, que nos permite comprender el macrocosmos perceptivo que está encerrado en el teclado de 7 octavas. J. S. Bach decía que "nosotros intuimos apenas la verdadera Música", y no hay dudas de que así es. Todos los elementos que antes nos parecían sueltos, diferentes o contrapuestos encuentran en una nueva Arte-Ciencia su punto de sinergia: el sonido.

Disonancia

Muchas son las posibles fisuras que actúan sobre el mecanismo humano. Se considera que tres de ellas son las más graves, aunque al estar correlacionadas dificultan analizar cada una por separado:

1. La fisura entre la mente y los aspectos físico, energético o emotivo.

2. Entre el hombre y el medio ambiente.

3. Entre la personalidad y el Ser.

La existencia en cada ser de diferentes "yo" fracturados y sin una conexión consciente conduce, al acentuarse la dualidad, a una falta de fluidez y por ende continuidad de conciencia. La fisura producida en el interior de la psiquis genera dos o más partes autónomas de comportamiento que se separan progresivamente. Desde un punto de vista comunicativo, los caminos de percepción de uno mismo como unidad diferenciada van cambiando lentamente hacia la anulación de los puentes interiores, ofreciendo una imagen de sí desdoblada, contrapuesta, generadora de conflictos en los que el sentido de las proporciones empieza a faltar hasta el "desconocerse". La identidad está desintegrada y, dado que la configuración completa de las energías somatopsíquicas reside en el centro de la mente, la autopercepción capta señales perturbadas y cambiantes que también son analizadas con los instrumentos del discernimiento, fragmentados y corroídos por la desintegración del Yo.

La aceptación de sí mismo no consiste en construir una imagen artificial, sino en reconocer la existencia de diferentes niveles de conciencia que constituyen nuestra realidad y que, aunque sean diferentes por calidad vibratoria, deben ser integrados por nosotros sin permitir que estos diferentes "yo" ejerzan roles preponderantes, ni estimular excesivamente a uno de ellos en desmedro de los demás.

El mecanismo psicológico humano funciona en tres planos: físico, emotivo y mental, con la coordinación sinergética del yo que infunde, transfunde y funde energías diversificadas en una unidad dinámica de cohesión.

La pérdida del equilibrio psicofísico y, más precisamente, los diferentes géneros de "esquizofrenia", dependen en gran medida de un arcano mundo de "relaciones" que, al no hallar canales expresivos adecuados, invierten la polaridad generando "distancias" en vez de acuerdo.

Con mucha frecuencia la misma educación recibida ha estimulado en una psiquis frágil de "nexos" la visión desarticulada de las cosas y del conocimiento de sí como individuos únicos. Las pulsiones desarmónicas, impulsadas bajo la energía del inconsciente, crean, a su manera, una especie de protección para cada uno de los "yo" fragmentados, separándolos en formas de exasperada dualidad. Si es cierto que nuestro mundo está dirigido por relaciones varias, y que ese es el elemento que une la disparidad y otorga riqueza de experiencias, sólo un estudio claro y abierto de la ley de Armonía nos permitirá ver la enfermedad como proceso de crecimiento y resolución, y no sólo en clave patológica.

"Se nos conduce a una nueva concepción de totalidad indivisible que niega la idea clásica de la posibilidad de analizar el mundo en partes existentes de manera separada e independiente... Hemos invertido la acostumbrada concepción clásica según la cual las "partes elementales" independientes del mundo son la realidad fundamental y los diversos sistemas son sólo las formas y disposiciones particulares y contingentes de esas partes. Es más, decimos que la realidad fundamental es inseparable interconexión cuántica de todo el universo y que las partes que tienen un comportamiento relativamente independiente son sólo formas particulares y contingentes dentro de este todo" (D. Bohm y B. Hiley, *On the Intuitive Understanding of Nonlocality as Implied by Quantum Theory*, en "Foundations of Physics", 1975, 11. 96, 102).

La única cosa para agregar a esta magnífica afirmación es que esta verdad no es relativa sólo al mundo físico.

El cuerpo de la armonía

La escala musical diatónica constituía para los griegos el "cuerpo de la Armonía", y el significado implícito es maravilloso si podemos desvincularnos de la mera representación discursiva. Los ocho sonidos de la escala, dispuestos en dos tetracordes de dos tonos y un semitono cada uno, hablan nítidamente de la existencia de siete planos del sonido que se concluyen en el octavo, inicio de una nueva serie armónica. Es importante para nosotros constatar inicialmente que la frecuencia vibratoria de cada sonido está siempre en relación con la tónica, eje del sistema. Si bien el vínculo que media entre ellos está constituido por un sustrato esencial (silencio sonoro), cada sonido contiene potencialmente a todos los otros y hace audible sólo una particular serie de relaciones o hipertonos.

La observación atenta del cuerpo de la armonía nos lleva a pensar analógicamente, permitiendo ver un brillante espejo de nuestro ser en el comportamiento de los sonidos. Todo el proceso de expansión que atraviesa el hombre en su camino evolutivo concierne a:

1. La justa emisión de la propia nota.

2. Las etapas de modulación antes de encontrar el próximo tono.

3. La conciencia de la Armonía, no como estático equilibrio de contrarios, sino como acorde vital.

La búsqueda de la armonía no es un vano deseo de la personalidad desequilibrada, sino un dato implícito, genético, que guía el nacimiento, el desarrollo y la transmutación de todo ser viviente.
No importan tanto las fases a atravesar como la certeza de que se trata de pasajes, y que la única inmovilidad es la del centro motor del universo. Es así que el hombre, como ser completo en potencia pero aún incompleto, carece de la continuidad de conciencia (Armonía) y por lo tanto es "esquizofrénico (inarmónico, divisorio) con respecto a sí mismo y la Naturaleza.
El hallazgo del eje armónico no constituye un paso definitivo. El camino debe ser recorrido conociendo la ciencia de las relaciones. Cuando la energía primordial fluye se ha encontrado la meta. En verdad la "meta" no es el fin sino aquello que está más allá de la "mitad". Realmente, si yo punteo una cuerda brota un sonido de base, que llamo "tónica". Tengo todo lo necesario para tomar conciencia del paso siguiente. Nada está hecho, en ningún orden de existencia, si no está en relación a una base (bordón). Cuando divido la cuerda por la mitad (2:1) el sonido obtenido es el mismo de la tónica a una distancia de octava. La mitad indica meta, el flujo de las relaciones pone de manifiesto los muchos sonidos contenidos en la octava y, por resonancia armónica, los de las octavas superiores. La tónica es el punto de partida de cada individualidad en la búsqueda instintiva de las relaciones armónicas sucesivas.
Los distintos tipos de fisura se producen por lo general en los momentos de pasaje y de plasmación gradual de la identidad por obra del Ser, mientras que la sutura es la recomposición que se produce en un momento vibratorio totalmente diferente del inicial. La búsqueda de experiencia representa puntos de prueba de la justa entonación, Por este motivo el fenómeno llamativo en

el comportamiento "esquizoide" no tiene la inmovilidad inerte de la inconciencia. Cuando se comprenda que el símbolo de todas las divisiones interiores es el conflicto de las dualidades existentes, como en una batalla, podremos resolver este aspecto de la existencia reconociendo que trascender la dualidad o los pares de opuestos no significa ir más allá abandonando, sino liberar la energía armónica útil para reunir, sintetizar y pacificar.

Así realizamos la justa entonación volviéndonos terapeutas de nosotros mismos.

Música y enfermedad mental

Las investigaciones sobre las posibilidades inherentes al sonido, aplicadas al tratamiento de enfermedades psíquicas, fueron realizadas hasta ahora con una concepción limitada, tanto en el campo médico como en el musical. La comprensión del hombre global, que sin duda no es el cúmulo de vaguedades supuesto por la ciencia común, es el único medio para poder realmente intervenir con seriedad, sin alterar aún más el estado del paciente o del niño inadaptado. En un cierto sentido las experiencias de musicoterapia, guiadas con criterios restringidos y sin la mínima profundización de la materia musical y de sus conexiones con el cuerpo y la psiquis, han causado más resultados insatisfactorios y neutros que reales. Esto se debe esencialmente a numerosos preconceptos tanto por parte del médico como del psicólogo y del músico, creando así un caos de ideas, limitaciones y barreras que la musicoterapia como posible ciencia está afrontando actualmente.

No es suficiente atribuir capacidades sedativas a la música de Mozart o reflexivas a la música de Bach para creer que la escucha de las obras hará surgir poderes curativos. Tampoco lo es pensar que la música es un arte encerrado en el dominio de la estética pura, y que cada intento de atribuir posibilidades terapéuticas a su uso dosificado es sólo obra no científica, porque se trata del único patrimonio verdadero que poseen todos los seres humanos.

Se manifiesta entonces la urgencia de reencontrar la brújula que nos indique el norte magnético para saber "quién" debe ser el terapeuta, quién el músico, más que definir "qué cosa" debe estudiar. Ante todo nos falta una educación musical de base que nos introduzca en el mundo de la Vida/Música, para redescubrir con Willems, por ejemplo, cómo está el ritmo conectado con la vida fisiológica, la melodía con la vida afectiva, la armonía con la vida mental. Si bien en los detalles esta percepción es algo diferente en las civilizaciones extra-europeas, es preciosa como principio de búsqueda.

Otro aspecto fundamental para una nueva Sonoterapia es la capacidad de soporte afectivo que el aspirante a terapeuta debe hacer brotar de sí. Se trata de un tipo de simpatía con la persona que lo necesita que no es un compromiso emotivo, sino corriente de energía curativa conscientemente dirigida.

Si también entre el terapeuta y el paciente (que debería ser activo) hay un tipo de "esquizofrenia", la "relación" es sólo a nivel analítico, cuando en cualquier forma de terapia es necesario un "puente" gracias al cual se crea una irradiación. Aun cuando las palabras limiten la expresión de una idea, sería bueno recordar que el primer uso del sonido, como carga psíquica, se produce en el lenguaje.

Ésta es una rama de la Música que se maneja con valores tonales restringidos en relación con los entonados. También las fracturas psíquicas aparecen en la voz o en la forma de hablar. El valor tonal de los armónicos del sonido vocal no es sólo un factor de cuerdas vocales, cavidad laríngea y caja de resonancia craneana. Todo el mundo afectivo y mental, con sus cadencias, silencios y tonos, se manifiesta en el habla.

La experiencia de Tomatis

En el caso específico de la esquizofrenia el ritmo, la melodía y la armonía, si se utilizan como desbloqueantes, y más específicamente como creadores de "nuevos surcos" o "canales" y por lo tanto de "puentes", servirán para construir una nueva imagen de sí mismo. El mecanismo audio-mental de percepción sonora realiza un "feedback" útil para despertar el núcleo de salud concentrado en la mente, tocando niveles intuitivos no verbales que son en sí mismos semillas vivas y no sus representaciones.

A nivel neuronal se estimulan nuevas sinapsis, que con el "ritmo" se tornan estables, con la melodía se sienten, y con el despliegue armónico se incorporan en el metabolismo biopsíquico.

Para concluir este acceso a la búsqueda de la armonía quisiera citar el caso experimentado por el Dr. Tomatis. Se sabe que hasta hace pocas décadas una de las ocupaciones principales en los monasterios benedictinos era cantar entre 6 y 8 horas diarias. En 1968, entre tantos cambios de las reglas de la orden en Francia, se suspendió esta costumbre porque algunos pensaban que se perdía demasiado tiempo. Poco después los monjes de esta orden comenzaron a sentirse cansados.

Pensaron que esto se podía atribuir al dormir poco, pero incluso durmiendo más no notaban mejoras. Más adelante llegaron a la conclusión de que era el régimen vegetariano la causa de este cansancio. Especialistas en nutrición dijeron: ustedes deben alimentarse de manera más adecuada porque de lo contrario morirán de hambre. Pero ni siquiera el cambio de alimentación cambió el estado de las cosas. 70 de los 80 monjes estaban faltos de energía, se encontraban adinámicos, incapaces de seguir los oficios. El Dr. Tomatis aconsejó volver a cantar y el efecto fue inmediato: en pocos meses volvió la vida a la abadía. Tomatis dice textualmente: "de los 70 monjes, 68 retomaron su dinámica de pensamiento y canto. Los otros dos terminaron esquizofrénicos en un hospital psiquiátrico. Habían sido verdaderamente tocados - sin duda porque eran más frágiles que los demás – por esa especie de deprivación sensorial que había producido la suspensión del canto".

    Para que la psiquis reencuentre la armonía interrumpida, el Ser debe resonar como es, sin superposiciones ni inhibiciones. La Música aún debe revelar su significado en el mundo.

La Música del Ser

Psicológicamente no poseemos nada que no hayamos experimentado en la realidad. Una comprensión meramente intelectual significa entonces bien poco: lo que sabemos son solamente palabras, no conocemos su sustancia desde el interior" (Carl Gustav Jung, *Aion: contribución a los simbolismos del Sí-mismo*).

Son tres las esferas que caracterizan la constitución humana: la esfera de la personalidad, de la individualidad y la esfera del Ser, que penetra en las dos primeras. Si deseamos captar el vínculo esencial entre estas esferas complementarias, debemos necesariamente ubicarnos con la mente más allá de las palabras y, con un acto consciente, penetrar en la llama que otorga significado al movimiento de las sustancias del pensamiento. Bajo esta luz vemos un ser humano extraordinariamente complejo y simple a la vez, lleno de energías multidireccionales que siguen movimientos de diferente velocidad, como también de extensiones materiales sutiles, vibrantes con diferentes énfasis y que giran alrededor de órbitas entrecruzadas, superpuestas y sincrónicas

La esfera de la personalidad se expresa en tres niveles complementarios e interpenetrados: la forma físico-energética, el mundo emocional y la calidad propia de la mente: la razón.

El Ser y la síntesis suprema

La individualidad se manifiesta en el afloramiento de un yo único, indivisible, casi correctamente expresado con el conocido pero poco explorado "sentido común". Baste recordar a este propósito que la mente individual es el sexto sentido presente en los cinco, como el elemento que sintetiza, distribuye y capitaliza la vida de la personalidad. Ella sería, privada de la individualidad, o sea del yo, sólo un conjunto de elementos discontinuos, diferentes, que perfectamente podrían estar unidos de otro modo, conformando algo extraño al ser humano. Es la individualidad la que convierte a la personalidad en una entidad alineada, consciente y parcialmente sabedor de aquella esencia que está más allá de la individualidad y que, a falta de palabras más expresivas, llamamos Ser.

La esfera del Ser es de una síntesis tan maravillosa que difícilmente se puede describir. De hecho el Ser, como fuente de la vida, debe ser experimentado por la personalidad individual para comprenderlo mínimamente en su vastedad. La esfera más limitada puede sólo comprender aquello que su circunferencia es capaz de abrazar. A menudo se queda sin nada en su proceso intelectivo, porque sabe que es como una cucharita que recibe del océano sólo esa mínima cantidad de agua.

El Ser es el Sol de nuestro sistema. Dador de vida, no es un mero reflejo de algo, sino la propia causa de todas las percepciones y experiencias que realizamos atravesando los estados de vigilia, sueño y ensueño. El conocimiento de Sí mismo o del Ser no puede ser efectuado sino *por el* Ser. Todas las exploraciones hechas con sondas pequeñas, estrechas y limitadas no hacen sino tomar partes del cuerpo del elefante, como los ciegos de la parábola budista. Todos tenían "razón" pero ésta no alcanzaba para comprender la realidad, por ser parcial y unilateral.

El silencio nos "habla" del Ser

La experiencia del Ser y la experiencia del Sonido se asemejan o probablemente son la misma cosa. Aun cuando normalmente el silencio se concibe como ausencia de sonido, o sea como falta de algo, sería útil que recordáramos que la fuente del sonido es no verbal, inaudible e impregnada de la verdadera intencionalidad que llamamos "voluntad". La inaudibilidad es esa esfera de percepción limitada que comprende sólo aquello que entra en su círculo de posibilidades espaciales. Ésta es la relación entre la personalidad y el Ser, una percepción parcial de aquél, una casi sordera. Pero la escucha en este caso no consiste solamente en prestar atención a aquella región más acabada de nosotros mismos que es el Ser, sensibilizando un poco las antenas de los órganos perceptivos. Hace falta un mediador común entre los dos mundos. Entre lo limitado y lo ilimitado el único puente es el Sonido, como elemento esencial en común, vínculo profundo interno que funde eléctricamente el Ser con la personalidad periférica. Sustancialmente ninguno de nosotros es doctor o ingeniero, cristiano o budista, artista o científico, blanco o negro. La personalidad se comporta "exclusivamente", mientras que el Ser es "inclusivo". La personalidad emite la nota de la autoafirmación y de la identidad racial o nacional.

El Ser irradia el sonido esférico, omnicomprensivo y acabado que no excluye sino sintetiza. La poderosa energía emanada por el Ser en términos sonoros es "un acorde perfecto". De hecho, más de tres sonidos tocados al mismo tiempo hacen percibir un acorde, que en el espacio es un sonido único, rico de armónicos, es algo más que la unión de varios sonidos.

Si podemos escuchar el movimiento del espacio en el tiempo, significa que el principio de "resonancia" puede ser elevado a la percepción de la realidad. Lo semejante atrae a lo semejante, como dos cuerdas que vibran simpáticamente.

De acá surge que siendo el Ser la Música, la personalidad se puede convertir en un instrumento sabiamente afinado. La individualidad, el yo coordinado y completo, es el "músico" que puede extraer de su instrumento melodías y armonías infinitas conociendo la Música. Así, Música, músico e instrumento son prolongaciones que mantienen la identidad y que pueden revelarse recíprocamente.

Para revelar el Ser no basta con conocer el instrumento, es necesario que pueda alinearse como una flauta de caña, no bloquear los orificios, limpiarlo interna y externamente. El instrumento separado puede formar parte de un museo sin vida, aunque siempre evocará un recuerdo preciso del músico y de la Música. Es necesario volver a despertar al músico para que el soplo vital atraviese el instrumento, calentándolo y descubriendo las posibilidades que representan ese timbre y esa particular escala suya. El redescubrimiento del *ritmo* hace que el músico comience a comprender el camino que lo lleva a la Música. Sólo en este estadio vital el músico y el instrumento comienzan a convertirse en Música: el Ser ya no es una palabra.

Usualmente la característica de la personalidad es ser la máscara del yo. Muchas herencias de educación y costumbres conforman personalidades incapaces de expresar las propias energías creativas, bloqueadas por falsas concepciones llevadas al extremo sobre el cuerpo, en el comportamiento y en la imagen de sí mismos en las relaciones con el mundo. No es raro que uno de los principales problemas contemporáneos sea, luego de la exaltación de la personalidad, una gradual pérdida de la identidad tanto en el ámbito privado como en el social. Es la propia naturaleza quien da impulso gradualmente a las energías interiores del ser humano para concederles dimensiones nuevas, cada vez más globales y menos esquemáticas.

La vida se manifiesta sólo en la *fluidez* del movimiento ondulatorio. Donde falta vida, la articulación se endurece e irremediablemente muere.

La capacidad de "per-sonar"

El otro aspecto de la personalidad es descubrir su verdadera calidad vibratoria: "per-sonar". Acá en vez de enmascarar y bloquear, se convierte poco a poco en un sutil instrumento musical en la orquesta del mundo.

Encuentra felicidad y libertad en saber usar la fluidez que corre en el sonido, río del Océano de la Música. Con absoluta simplicidad ve que las más grandes contradicciones de la existencia tienen un significado mayor que los porqués relativos que explican tan poco de la realidad.

Acá reside la belleza del Ser. El mundo ya no es oscuro y tenebroso, y hay una nueva centralización para el individuo. El Ser es él mismo. Todo está alterado en su configuración. La personalidad ya no es el objeto principal. Ella tiende a conocer mucho más al músico y sobre todo a la Música. Como instrumento consciente y activo sabe que la creatividad se manifiesta cuando se ha adquirido la vigilancia de uno mismo. EL cuerpo se convierte en una suprema caja de resonancias múltiples, perdiendo su pesadez concreta. De ahora en más el centro de gravedad es el Ser. Todo denota un cambio de polaridad, y las raíces y las ramas del árbol se tocan y se funden. Vida y conciencia, instinto e inconsciente se tornan transparentes y lúcidos. El Ser/Música vive en el mundo transfundiendo constantemente sus energías de sabiduría curativa y nutritiva. Todas las dicotomías se disuelven.

SEGUNDA PARTE

Escuchando la Realidad

Explorando el Mundo del Sonido

La armonía no puede brotar en nosotros a partir de un conflicto. Cuando necesitamos armonizar algo, es porque existen en nosotros elementos aparentemente discordantes o que aparecen como divididos, con tendencias completamente diferentes en un único individuo. Muy a menudo se trata incluso de más de dos tendencias: son gruesos bloques, casi funciones que no logran un acuerdo o no pueden llegar a un compromiso. Pero acá no se trata de compromiso, porque la armonía crea una síntesis, algo que va más allá del acuerdo de compromiso. La armonía es la circulación constante de una única corriente vital que ya no ve divisiones o contrarios, que observa en nosotros una serie de funciones, cada una con su propio lugar, su propio tiempo, sus propias necesidades; por ende, cada una de ellas necesita una cantidad de energías, una corriente vital adecuada, sin que a la vez se dejen de lado las otras funciones.

Por la educación recibida tendemos casi siempre a estar polarizados con la atención puesta en una cosa determinada, con el convencimiento de que la concentración sobre un único objeto es muy útil. Pero el hecho es que, a menudo, eso sucede en desmedro de una serie de otros factores. Si, por ejemplo, yo comenzara a hablar a una persona concentrando toda mi atención en ella, poco a poco el resto del grupo desaparecería de mi conciencia, como si estuviera solo con ese individuo; mis palabras estarían dirigidas sólo a él, aunque los demás estuvieran escuchando. Esta capacidad de concentración no es negativa, porque significa que si lo deseamos podemos enfocar nuestra atención en un único objeto de interés. Pero en nuestro accionar, aun teniendo la necesidad de enfocar la atención en una determinada cosa, necesitamos también que la globalidad siga fluyendo, porque el resto de las funciones no puede caducar en favor de una sola. Por lo tanto, si toda mi cuota de energía se dedica a un solo interés, yo polarizo toda la atención hacia él, a punto tal que todo el resto, incluso mi propia vida, comienza a sentir la falta de energía o incluso a flaquear. Si doy todo sólo a una parte de mí mismo no puedo pretender que las otras partes funcionen, porque al quedar sin atención están como desvitalizadas.

Esta forma de comportamiento es extraña a nuestra naturaleza y sin embargo estamos casi obligados a actuar así por la educación recibida. Afortunadamente nuestro organismo no sigue este procedimiento, pero pocas veces aprendemos de nuestro organismo cómo comportarnos en la vida cotidiana. En efecto, una función corporal no se realiza en desmedro de otras, y cuando esto sucede, hay enfermedad, hay desarmonía, hay necesidad de intervenir para armonizar, para disolver de alguna manera el bloqueo que se ha formado en un solo punto. Si el corazón, el hígado o los riñones están enfermos, absorben todas las energías y crean una descompensación, un desequilibrio de las fuerzas vitales.

Entonces, en nosotros mismos hay una corriente de energía constante que actúa simultáneamente sobre todos los aparatos de nuestro organismo, no sólo físico sino también psíquico. Esta acción simultánea es una suerte, porque si actuáramos psíquicamente sobre una sola función en detrimento de las otras no podríamos actuar armónicamente, se actuaría bajo formas cuadradas, cerradas. Es la costumbre educativa, y no nuestro instinto, la que hace funcionar un determinado órgano durante un determinado período: durante una hora se realiza una función, durante otra una diferente, una misma función se desarrolla para otro objetivo y así sucesivamente, a expensas de las que no tienen un objetivo inmediato. De esta manera siempre falta algo, y se manifiestan en nosotros carencias de todo tipo.

Cuando existen tales carencias, sobre todo bajo el perfil psicológico, significa que alguna otra parte nuestra está demasiado cargada. Pero tenemos en nosotros mismos la posibilidad de distribuir armónicamente tanto las energías psíquicas cuanto las espirituales y las físicas. Y acá entramos en nuestro tema, porque, de alguna manera, debemos tomar conciencia de cómo funcionamos, también orgánicamente.

Es de suma importancia ser conscientes de que de un núcleo en existencia constante, en movimiento constante, se distribuye la energía a todos los órganos, a todos los niveles de nuestro ser, al mismo tiempo, sintéticamente, no dividiendo sino dando a cada una de las partes – a cada órgano o a cada factor psíquico simultáneamente – lo que le corresponde y teniendo en cuenta también sus relaciones. Es así como se desarrolla la armonía dentro de nosotros mismos.

Todo esto es natural para nosotros orgánicamente, porque el todo funciona al mismo tiempo. Por ejemplo, si mientras les hablo yo tuviera que pensar en cómo está circulando la sangre, en cómo hacer para que el corazón palpite, en la interacción de las células y las neuronas, en cómo se desarrolla el proceso psíquico...no podría decir nada. En cambio, dado que tales funciones se desarrollan no de forma paralela sino simultáneamente, globalmente, una parte de mi conciencia puede no preocuparse de ellas. Eso no significa estar completamente separados de estos procesos, porque es una capacidad de nuestra conciencia que todas las funciones se puedan explicar armónicamente, de modo que nuestro rol preponderante pueda, por decirlo de alguna manera, flotar sobre todas estas aguas que tienen una serie de funciones vitales. Nosotros damos todo esto por descontado, pero si pensáramos por un instante al funcionamiento de este organismo global, nos sentiríamos un poco más maravillados de lo que normalmente sucede.

El núcleo que está manteniendo esa energía constante en cada uno de nosotros tiene un nombre, que también está descubriendo la ciencia moderna. Lo que sostiene nuestro existir en todos los planos y al mismo tiempo es una energía sonora. En otras palabras, hay en nosotros una especie de árbol vibratorio que sostiene un eje central mediante un sonido muy poderoso, inaudible para los órganos externos pero audible para los internos.

Si nos encontráramos en una habitación sin aire, vacía, comenzaríamos a oír sonidos, y precisamente las vibraciones de todos nuestro sistema nervioso, que tiene una sonoridad propia que puede ser escuchada sólo cuando hay vacío. Parece extraño, pero este fenómeno también se ha experimentado en una habitación de este tipo sin que fuera claro qué se estaba buscando ni el porqué. Cierto, la presión cambia, pero más allá de esto existe la posibilidad de percibir algo diferente de lo que nosotros creemos que es, en este momento, un silencio total. Podemos darnos cuenta de que la habitación está llena de sonidos, además de los que escuchamos normalmente con los órganos externos. No es tan simple sentir nuestros sonidos acá, en el lugar donde nos encontramos, pero lo importante es comprender que nuestro funcionamiento vital se expresa en una cantidad de vibraciones sonoras bien claras, bien identificables, tan precisas que podemos afirmar sin duda alguna que cada uno de nosotros tiene su propia tónica sonora, un tono, para comprendernos. Es una cierta tonalidad vibratoria dentro de la cual se puede escuchar internamente una verdadera escala vibratoria, si podemos llamarla así, que expresa la naturaleza de cada órgano, de cada funcionamiento psíquico que vibra de forma inaudible o audible para nuestros sentidos, según la gama vibratoria y aquello que logramos percibir.

Nos preguntamos: "¿El sonido produce todo esto?". ¡Sin duda! Esta naturaleza sonora es tan poderosa, tan constante que actúa al mismo tiempo en diferentes sectores de nosotros mismos, físicos, psíquicos, mentales, y actúa de modo tal que ya no se advierte la habitual dualidad entre nuestro mundo exterior y el interior.

Debemos pensar sólo por un instante que todo es espacio y que no hay un espacio dentro y uno fuera. El "dentro" en nosotros es una expresión de intimidad, pero se trata de una intimidad que se puede ubicar en el espacio, porque está compuesta esencialmente de espacio que no es interno ni externo, o sea es interno y externo a la vez. Las antiguas *Upanisad* decían que el espacio contenido en un jarro es igual al espacio externo:

el jarro contiene sólo una parte de este espacio. Cada uno de nosotros es como un jarro, y cuando éste ya no está es fácil sostener que el espacio encerrado en él no era sino el externo. Por lo tanto, no hay "dentro" ni "fuera", se trata siempre del mismo espacio, En definitiva somos como membranas, o podemos volvernos como membranas que no dividen más el interior y el exterior, porque son conscientes de que hay un único espacio, no separable.

Con el transcurso del tiempo, evidentemente, muchas de nuestras percepciones - las sensoriales, las de las calidades del espacio y otras – han sido bastante polarizadas, y también un poco deformadas: nuestra misma percepción de la realidad atraviesa una tal cantidad de filtros que no podemos estar seguros de captar la verdadera naturaleza de los objetos que los sentidos nos hacen percibir. El hecho es que, para llegar el conocimiento, nos acostumbramos a polarizar la atención hacia un tipo distorsionado de relación con el objeto: yo-tu, blanco-negro, la dualidad, los opuestos, la necesidad de creerme diferente, el no acordarme de que soy idéntico a todo el resto del género humano, que no soy una cosa separada de la naturaleza. Todo esto, con el tiempo, ha creado tal condicionamiento de tipo psíquico que creemos en muchas cosas que en verdad, internamente, sentimos que no son verdaderas. Creemos en ellas porque normalmente éste parece el único modo para podernos comprender, pero internamente dudamos, por ejemplo, de que cada uno de nosotros sea una entidad tan separada que incluso puede realizarse a sí mismo desprendiéndose del resto del mundo. La percepción de nosotros mismos, la percepción de las cosas ha hecho polarizar nuestra atención unilateralmente, nos ha inducido a catalogar, enumerar, estratificar.

Es muy interesante notar que recientes experiencias de nuevos tipos de educación global han modificado el comportamiento de algunos niños. Veamos en qué sentido y por qué deberíamos ir hacia este tipo de experiencias, sin pasar a abstracciones demasiado elevadas. El tipo de enseñanza con que nos formamos y que todavía sigue vigente consiste en tablas y clasificaciones que, aunque sean perfectamente lógicas, colocan en nuestra conciencia la tendencia a la clasificación, como si todas las cosas estuvieran divididas en cuadrados. En cambio si a un niño de tres o cuatro años se le presenta un mismo tema esféricamente, su conciencia adquiere otra dimensión de las cosas. De hecho la clasificación en compartimentos diferentes crea desde niños una actitud intelectual que con el correr del tiempo se imprime en la personalidad en formación. Por eso, cuando nos dicen que somos un cuerpo físico, somos nuestras energías, somos nuestras emociones, etcétera, tendemos a pensar que eso corresponde a estados separados de nuestro ser. Podemos creernos así en nuestra imaginación.

Es evidente que este tipo de construcción mental no se produciría si nos valiéramos del ejemplo de una esfera que está en constante rotación y tiene todos los elementos dentro de sí. Este ejemplo puede parecer muy elemental pero en realidad, gracias a él, cada tema puede ser perfectamente enseñado y aprendido, porque en la fantasía y en la imaginación colectiva de cada individuo se conectan muchos más elementos con mayores posibilidades de conocimiento en cualquier campo. En cambio, las formulaciones unilaterales de la educación no han permitido un desarrollo adecuado de otras partes de nosotros mismos que no son cuadradas, que no son angulares, que no son geométricas.

Es interesante notar que una cantidad de tendencias que llevamos con nosotros desde niños, si bien no siempre erradas, desaparecen con el tiempo, y no porque sean enriquecidas o desarrolladas, si no porque son totalmente borradas. Veamos cómo se desenvuelve en la educación el desarrollo de la fantasía, de la imaginación, de la creatividad. Todas estas funciones no se contraponen con el desarrollo intelectual. Se debe comprender a esta altura que el intelecto no es el rey de nosotros mismos, ni el rey de nuestra creación – absolutamente no – sino sólo uno de los elementos que nos ayudan a comprender la realidad. Si en cambio le damos una importancia prioritaria no podremos comprender algunos principios fundamentales de nosotros mismos ni tampoco podremos comprender cómo actúa lo que hemos llamado Eufonía, o sea qué significa vivir armónicamente y descubrirnos a nosotros mismos para poder desarrollar la semilla que dormita en cada uno: porque esa semilla existe verdaderamente en cada uno de nosotros.

Otro factor que por lo general ha tenido una influencia no positiva es la división cuerpo-mente: en el mejor de los casos, la división cuerpo-alma o cuerpo-alma-espíritu, resultando el cuerpo, aparentemente, el elemento más conocido. Del alma no se habla mucho, del espíritu absolutamente no se habla, no se da ni siquiera una idea de qué es eso.

"Quisiera hacer una pregunta. ¿Cuál es la diferencia entre alma y espíritu? La religión católica nos ha enseñado que el alma es la parte espiritual del hombre, que por medio de ella vive, entiende y es libre. Esto es lo que yo recuerdo".

Pero San Pablo habla de la trinidad, cuerpo, alma y espíritu. El alma es considerada esa parte individual, esencial de nosotros mismos, que sin embargo se reúne con el espíritu universal.

"Pero si no hay dentro y fuera, en este espíritu universal está también mi alma".

De acuerdo, pero eso no es claro, porque parecen tres cosas diferentes. En efecto su diferente denominación denota el modo con que se distinguió su diferente calidad vibratoria, que ha sido el verdadero motivo de la subdivisión trinitaria. Por lo tanto se trata de tres aspectos de una única esencia: tres en uno, pero no son tres.

"La religión católica dice Padre, Hijo y Espíritu Santo".

Sí, pero dice también que son Tres en Uno, Uno y Trino.

"Éste es el dogma, el misterio".

Es el misterio pero no es el dogma, que es algo intelectual, es más, ha sido justamente el fruto del intelecto de algunos hombres. En realidad, el misterio no se puede expresar con un dogma, la teología lo convierte en dogma. La teología es siempre "logia", es la lógica intelectual sobre la que sería la vida divina, y por lo tanto es una óptica unilateral, un poco deformada: es la óptica que podría tener en relación con nosotros un microbio, que nos describiría en los límites de su perspectiva pero que no podría captar aquello que somos verdaderamente si no encontrando algo en común.

"Pero no tenemos los instrumentos para conocer".

En cambio tenemos los instrumentos, y muchos. Durante milenios todas las civilizaciones reconocieron que los tenemos, incluida la cristiana e incluido Cristo. Tenemos principalmente uno: la intuición. Sin este instrumento no podríamos atravesar diferentes estadios, a menos que, también unilateralmente, no nos consideremos seres que no pueden alcanzar algún tipo de estado interno, que tienen una pobre psiquis prefabricada o importada por alguien; miles de seres que pasan por necesidad por esta Tierra, para seguir una cantidad de modas, para estar en una determinada época, pero que, en el fondo, son sólo un poco de materia unida, destinada a reunirse con la misma materia, y basta.

De la descripción de este proceso a la conciencia de nuestra función como seres humanos media una notable distancia. En efecto, cuando del *Logos* – se habla acá del antiguo concepto de *Logos* – se pasa a la lógica, hay una especie de distancia sideral, porque *Logos*, volviendo a la Eufonía, significa Sonido, Verbo, no lógica. En todo caso, "lógica" no tendría nada que ver con la contraposición de los contrarios, con los silogismos, con todos los tratados, que no resuelven las cuestiones existenciales. Esa lógica, en cambio, que parecería tener una función netamente utilitarista y ser aplicable a algunos campos de la realidad, tiene poco que ver con el *Logos*, con el Verbo, con los *logoi*, los sonidos. Esto se nota sobre todo cuando vemos que mediante la lógica llegamos a demostrar muchas cosas que no son verdaderas. Evidentemente hay algo de deformante en esta óptica, de lo contrario no sería posible llegar a comprobar lógicamente cosas falsas o absurdas mediante silogismos perfectos.

¿Qué significa esto? Que nos movemos como en una especie de cuadrado, cerrado, con comportamientos rígidos que no tienen el aspecto de la verdad. El punto es llegar a ver que nada es igual, aunque sea simétrico; que, si bien nosotros mismos somos simétricos, no significa que una parte sea igual a la otra, sino que siempre existe esta posibilidad de curva, de una línea no recta, de un algo que no es idéntico o repetible, respecto de otra cosa. Todo esto nos debería dar la idea de que los elementos de la naturaleza, los pensamientos, nuestra característica humana no están sujetos a ese tipo de interpretación de la realidad, o sea que no actuamos según el método interpretativo de la "lógica"; tampoco como seres vivos, sólo en el cuadrado. En cambio, cuando comienzan a aparecer ante nosotros los diferentes aspectos de la realidad, aunque sea por un instante, en una visión más global, esféricamente, nos acercamos mucho más al aspecto verdad. Se trata siempre, obviamente, de un concierto, pero es un concierto más cercano a la realidad.

Para este curso de Eufonía preparamos una serie de ejercicios que pueden llevar a cada uno a una experiencia de globalidad y al mismo tiempo a desarrollar y realizar ese sentido que cada uno lleva en sí mismo. Antes de avanzar en este sentido debemos hacer ciertas consideraciones. Por lo general consideramos que algunas actividades que practicamos (con el cuerpo, con la mente, con la meditación) no tienen otra función que la de actuar sobre una máquina, la nuestra, pero hacemos todo de manera tan forzada que la máquina parece tomar una dirección diferente de la que le es natural: en otras palabras, se interviene agrediéndola. Hay innumerables formas de agresión, hechas tanto al cuerpo como a la mente, y casi siempre de modo unilateral. Al final, actuando así, nos desarrollamos sólo físicamente, o sólo mentalmente, o sólo devocionalmente. ¡Casi siempre! Éste es entonces el peligro del acceso a una o más de tales formas de realización: que se llegue a desarrollar sólo uno de estos aspectos. Por ejemplo, quien sigue el *Hatha-Yoga* muchas veces pone en práctica ese método como si fuera una simple gimnasia, o a causa de un conocimiento incompleto de este *yoga*, por falta de una preparación adecuada, o porque, aunque se sabe que existe una estrecha relación entre los diferentes aspectos de la constitución humana, se elige ocuparse sólo del propio cuerpo, dejando en el desván otras realidades que están en íntima unión con el cuerpo. Lo mismo sucede en el caso de la devoción. Yo solamente adoro, no debo pensar porque debo adorar. Mi vida consiste sólo en ser devoto, y si tengo devoción, creo que el pensamiento no me sirve. La tercera posibilidad concierne a quien considera que sólo se debe pensar, que no se debe tener emoción alguna, que no se debe "saber" sino sólo usar el intelecto. Así, nos movemos sólo en estas tres formas de vibraciones polarizadas. Un claro ejemplo es el gran atleta que desarrolla sólo el cuerpo, dedicando todos los esfuerzos a mejorar las energías físicas; el grandísimo devoto que elimina el pensamiento, como si fuera contrario al misticismo; el gran científico que no se permite ninguna emoción y a menudo está pálido y delgado, por haber descuidado el propio cuerpo. Él ha enfocado sus energías unilateralmente, creyéndose sólo intelecto.

Todo esto nos sirve en ciertas etapas de nuestra evolución. Ha servido y puede aún servir para saber qué significa desarrollarse completamente en una cierta área, o sea para saber cómo enfocar nuestra voluntad. Es un ejercicio, digamos, que puede incluso continuar durante toda una vida. En este momento evolutivo, al contrario, necesitamos descubrir la totalidad, necesitamos saber que estos planos de existencia (mental, espiritual, emocional, físico) son todos, al mismo tiempo, uno; que están permeados por una única energía; que todos son importantes y no son diferentes uno del otro; que actúan constantemente uno sobre el otro e están interpenetrados como las siete esferas chinas. Debemos comprender que no son cuatro planos diferentes ubicados en sitios diferentes, sino que los debemos ver desde un punto de vista pluralista, como realidades interpenetradas, o como una única realidad con diferentes vibraciones.

Estas consideraciones nos hacen comprender que nuestro primer paso hacia esta globalidad puede ser también un ejercicio de tipo corporal. Veamos qué ayuda nos puede brindar un ejercicio físico que no sirva solamente para el cuerpo.

El cuerpo, si está bien mantenido, si está bien utilizado, no es otra cosa que una especie de amplificador del sonido; en cambio si está mal utilizado, se produce un cierre del amplificador. Amplificar significa expandir. ¿Hay en nosotros un sonido? ¿Estamos contenidos en el espacio? ¿Se debe expresar ese sonido? ¿Debe quedar para siempre en este plano, o debe brotar, debe salir? Para cada uno de nosotros el cuerpo es como un instrumento musical. Elijamos el que más nos gusta: percusión, cuerdas, platillos; nosotros tenemos una constitución análoga, porque en la construcción de los instrumentos musicales siempre se siguieron los esquemas corporales. Nuestro cuerpo, en sus expresiones, sigue leyes eminentemente armónicas y musicales, por lo tanto eufónicas, y su uso correcto le permite ser un instrumento que resuena con el sonido interno; su uso correcto no le permite bloquear ese sonido, como sucede en caso contrario. Ser un instrumento no significa ser inconscientes; el instrumento no es simplemente un objeto sin vida, al contrario, es un objeto bien vivo, que tiene teclas, que tiene cuerdas, que tiene aliento, que tiene aire vital y debe ser tocado porque hay un sonido que lo está permeando constantemente.

Si no tenemos la posibilidad de expresar nuestras emociones, nuestros pensamientos, nuestros sentimientos, casi siempre se arraiga en nosotros un sentimiento de frustración. Por lo general no es el cuerpo en sí mismo el que bloquea, porque siendo un instrumento tiene responsabilidad muy limitada. La responsabilidad más grande es del músico en relación con el instrumento. El instrumento está allí para ser afinado, para ser limpiado, para ser mantenido en un estado de eficiencia. Ni siquiera el cuerpo se bloquea solo, eres tú quien lo bloquea constantemente, eres tú quien lo cierra, quien no ha afinado esas cuerdas, que no puedes hacer que se exprese porque no encuentras el canal adecuado, cuando, en cambio, tienes todo un microcosmos en el cuerpo. Tienes un instrumento vibratorio, tienes un instrumento musical, y uno de los más perfectos.

Todas las formas naturales - un árbol, una montaña, un río, un animal – son como instrumentos que amplifican una única energía. Cualquier forma es la expresión de un cúmulo de vibraciones, de pensamientos, de sentimientos, de energías que califican a esa forma particular. Gracias a la emisión del sonido, y esto ha sido afirmado por todas las culturas antiguas, aparecen las formas. Este hecho también fue demostrado científicamente: cuando se emite un determinado tipo de vibración se manifiestan ciertas formas; cuando el sonido se interrumpe las formas se diluyen. Entonces, cuando no existe más la vibración que mantiene una determinada forma, ésta se disuelve.

Parece claro por lo tanto que cada cosa en nosotros mismos, como también los seres de todos los reinos, tiene en la propia forma una puerta de entrada al mundo interno. Cada objeto, entonces, no es sólo una cosa engañadora que no podemos nunca penetrar, sino una expresión muy particular del sonido, la expresión de una parte de la inmensa melodía cósmica, y ésta no es una imagen poética, sino una realidad con la podemos tomar contacto.

Para volvernos "instrumentos" afinados no nos valdremos sólo de una preparación intelectual sino también de determinados ejercicios físicos. Abramos primero un paréntesis que me parece muy importante. Generalmente ocupamos tiempos precisos y diferentes para dedicarnos a la práctica de determinadas actividades: una hora para ejercicios, quince minutos para un trabajo, etcétera. De esta manera pensamos crear una serie de posibilidades para el logro de un determinado desarrollo, olvidando que todas estas formas de aprendizaje deberían servir para hacer naturales una sucesión de comportamientos. Este hecho lo han comprendido bien los *buddhistas Zen* que afirman: "Cuando camino, camino; cuando me siento, me siento; cuando me levanto, me levanto; cuando como, como", y así en lo que respecta a los demás comportamientos. En otras palabras, cuando estoy presente conscientemente lo estoy globalmente, y no solamente en el acto aislado, porque este tipo de conciencia favorece el desarrollo de cada parte de nosotros mismos en conexión con las demás, con todos los hechos de nuestra jornada, con cada cosa que estamos por hacer.

Para ayudarnos en este sentido hay algunos ejercicios de base, que podrían sernos útiles para cada momento, para cada acción cotidiana. Probablemente estamos mal dispuestos hacia este tipo de enseñanza, porque pensamos que no nos sirve para desarrollar las teorías más interesantes, las doctrinas más interesantes, los mensajes más interesantes sobre la realidad y el universo. Pero todas estas bellas nociones, sin estar amalgamadas con otras, siempre nos serán lejanas, mientras que perfectamente podemos hacer de modo que cada una de las realidades que son tan importantes para nosotros pueda volverse una realidad cotidiana, al menos para aquello que somos capaces de hacer.

Tenemos una comprobación de todo lo dicho en las enseñanzas de la antigüedad, según las cuales las realidades esenciales son practicables en todo momento. También hoy se nos enseña esto, pero lamentablemente con el transcurso del tiempo y con la mutación de los ideales de vida esas verdades esenciales han sido oscurecidas por intereses completamente diferentes. Es así que, incluso después de toda una serie de sucesos históricos, a pesar de las doctrinas y las bibliotecas diseminadas por el mundo, nos encontramos todavía en las condiciones de una humanidad sin relaciones humanas, una humanidad aún no humana, y tenemos una cantidad de aspiraciones aún no realizadas. Evidentemente hay un abismo entre aquello que se podría alcanzar y aquello que realizamos cotidianamente en nuestra vida.

Entonces, un ejercicio de base para el cuerpo, en estrecho vínculo con la Eufonía, es encontrar ante todo en cualquier posición que estemos la llamada "posición de equilibrio". ¿En qué consiste y cómo hacer para obtenerla? Cada uno de nosotros, cuando está caminando o hablando o moviéndose adopta una postura, habitual o no, que siempre es expresión de un movimiento psíquico propio, su expresión directa. Podemos tender a depositar más peso en un lado o en el otro, a sentarnos en una posición incluso incómoda, a adoptar los movimientos y asumir las actitudes más diversas. Algunos son habituales y caracterizan nuestro modo de caminar, de sentarnos, de movernos. Interviniendo en nuestro mundo psíquico del modo correcto podremos obtener resultados impensables. A menudo intervenciones de este tipo se consideran pérdidas de tiempo, porque se cree que poco pueden modificar nuestro ser. En realidad, cuando se comienza a intervenir aunque sea brevemente, poco a poco, en el físico, se comienza también a obtener mayor claridad psíquica, que a su vez hace que se intervenga cada más a menudo en el cuerpo.

Veamos un ejemplo. Hay una tendencia generalizada, muy evidente, a no ubicar perfectamente la cabeza mientras uno habla o se mueve. ¿Qué significa y qué importancia puede tener para nuestro mundo interno saber ubicar la cabeza en el cuerpo? Puede significar más de lo que se cree. De hecho tratamos de recordar - al principio, porque luego será algo adquirido - que si nuestra columna vertebral no está erguida (no rígida, sino erguida) y nuestro cuello no está ligeramente separado del resto de la columna, tendremos constantemente una cantidad de malestares, de trastornos físicos (no sólo en la zona de la cabeza, del cuello y de la columna) que nos impedirán sentirnos bien, sentir emocionalmente, pensar sin la molestia del cuerpo. El cuerpo no debe absolutamente ser una molestia. Puede no serlo si se lo ayuda siguiendo sus leyes. En verdad tenemos mucha influencia sobre el cuerpo, en el que marcamos todos los itinerarios de nuestra vida, interna y externamente. Marcamos todo el camino a punto tal que sería posible leer en cada uno de nosotros todo el pasado y el futuro, no sólo en las manos sino en cada parte del cuerpo. De hecho éste es como una placa que aunque no tenga responsabilidad propia está constantemente agredida o ayudada por innumerables factores. Por ejemplo, una ayuda fundamental para el cuerpo es simplemente tener la cabeza ligeramente separada del cuello. Tratemos de experimentarlo.

Al comienzo estiramos un poco con la cabeza el resto de la columna vertebral, tratamos simplemente de sentir qué nos sucede cuando estamos derechos y la cabeza se separa adoptando una posición vertical. Como principio es el más simple posible, es la idea de la dirección vertical lo que importa. Por ejemplo, si para levantarme hago muchos movimientos, estoy haciendo algo inútil y poco armónico. Si en cambio me levanto buscando la dirección vertical y es la cabeza la que guía, siento mucho menos peso porque es la columna vertebral la que lleva hacia arriba. Este principio no es nuevo y nace de la idea que la cabeza es una especie de locomotora de un tren, que es la columna vertebral.

Para que este movimiento inicial sea el más perfecto posible, tenemos una maravillosa oportunidad que crea una sensación de bienestar. Se trata de realizar movimientos que hacemos a diario. Miremos primero hacia la izquierda, pero sin mover el cuerpo, es sólo la cabeza que, separada, se desplaza. Luego miremos hacia la derecha y volvamos a la posición inicial; el mismo movimiento lo hacemos hacia arriba y hacia abajo. Durante todo este ejercicio no debemos olvidar que la espalda no se debe mover y que la columna debe quedar bien derecha. Luego tomemos conciencia de la cabeza bien separada.

Volvamos a la posición inicial. Ahora, con la cabeza mantenida en esta postura de ligera separación, casi como teniendo a elevar el cuerpo – es muy importante este principio: no se trata de ponerla en tensión, sino de separarla sólo lo suficiente – tratemos de sentir el estado de la espalda y relajemos los brazos. Hagamos lo mismo con las piernas y si advertimos tensiones, eliminémoslas. Dejando que apoyen del modo más equilibrado posible, tratemos ahora de sentir dónde cae nuestro eje, dónde nos apoyamos más, si sobre la izquierda o la derecha; finalmente, sobre qué parte del pie nos estamos apoyando. La posición donde se percibe el máximo relajamiento y donde se siente que los músculos comienzan a tener la tensión justa es la posición de equilibrio.

Para que los pies encuentren una colocación aún más equilibrada tratemos de hacer otro pequeño ejercicio: pongámonos en puntas de pie muy, muy lentamente. Tratemos de mantener el equilibrio y de distribuir bien el peso, tomando conciencia de las partes que estamos apoyando. Lentamente volvamos a la posición inicial, recuperando nuestro eje. Para perfeccionar la posición de los pies, que deben estar bien sobre el centro de gravitación, bajemos las piernas flexionando las rodillas; volvamos luego a la posición inicial tratando de desbloquear todos los músculos que se sienten en tensión.

Se supone que a partir de este momento podemos caminar también de manera diferente. Si mientras caminamos mantenemos esta separación de la cabeza y tratamos mínimamente de apoyarnos con el centro de gravedad sobre los pies, en cada uno de sus movimientos, evitando cualquier movimiento demás, seguramente nos sentiremos muy livianos. Tratemos de experimentarlo caminando en círculo, veamos cómo se distribuye el peso y cómo la cabeza lleva a todo el cuerpo sin rigidez.

Es interesante también saber que la práctica de este simple movimiento que es caminar ayuda a la circulación y por lo tanto a alivianar el peso de las piernas. El simple hecho de estar con la cabeza levantada, creando la justa tensión antigravitacional, crea una nueva corriente de energía. La lentitud de los movimientos, al comienzo de este ejercicio y de otros, es fundamental. Los movimientos de la cabeza, por ejemplo (hacia la izquierda y la derecha, hacia arriba y hacia abajo), cuando se hacen lo más lentamente posible sirven casi de masaje, de automasaje que desbloquea puntos de tensión y permite obtener resultados notables, que no logramos si los hacemos rápidamente.

Los de la cabeza son movimientos de base porque todos los demás, de cualquier tipo que sean, tienen como característica, humana por otra parte, la cabeza erguida. Esto no tiene nada que ver con caminar con orgullo, con mirar hacia arriba; se trata simplemente de mirar ni demasiado arriba ni demasiado abajo para no reducir nuestra visual, aunque generalmente tendemos a uno de los dos extremos. Si fuéramos conscientes del campo visual que tenemos cuando mantenemos la cabeza erguida, advertiríamos que tenemos una visual de 180° y que en esta perspectiva no se pierde ningún detalle. Podemos comprobarlo concentrándonos en un punto algo alejado. Si comenzamos a bajar la cabeza, notamos que nuestro campo visual se reduce progresivamente; lo mismo sucede cuando levantamos la cabeza más de lo necesario.

Parece entonces que nuestro equilibrio armónico consiste en observar y actuar en unión con el todo: horizonte y tierra están íntimamente unidos. De hecho, si miro demasiado y solamente el cielo, pierdo la tierra; si en cambio miro sólo la tierra, no veo más el cielo, no veo más aquello que me rodea. Todo esto puede parecer simplista, pero las cosas más importantes son muy simples y están al alcance de nuestra experiencia directa. Hay ejercicios de purificación - que aunque puedan hacernos sonreír, son muy importantes – en los cuales, entre otras cosas se nos dice que miremos nuestro ombligo. ¿Qué debemos hacer para mirarlo? ¡Inclinarnos! Es una inclinación frente a la Madre del mundo, un homenaje a quien nos ha generado. Estuvimos unidos por el ombligo, pero cuando se cortó el cordón no desapareció nuestro vínculo con la Tierra. Entonces mirarlo significa, ante todo, saber que todos lo tenemos, que somos todos iguales, a pesar de las diferencias sociales; luego notamos también la extraña espiral que tiene.

"Volviendo a un tema anterior, quisiera saber qué materiales se usaron para la manifestación de las formas producidas por el sonido".

Las formas se obtienen con materiales plásticos, calcáreos, que se colocan sobre una placa vibratoria. Esta placa se hace vibrar con el sonido, obteniendo así formas muy diferentes que sin embargo siempre se pueden asociar con una fuente sonora. Así la ciencia nos da una confirmación de aquello que casi todos los pueblos antiguos habían no sólo intuido sino también experimentado, acerca del origen del Cosmos por medio de la Palabra, el Verbo, el Sonido, el Canto: causas que están en el origen de cada cosa. ¿Cuál es la inmensa fuerza que produce esta cohesión del todo? El Sonido no es sólo Sonido, sin duda, sino Sonido y Fuego y Materia, y tiene una esencia primordial que le es propia y que mantiene el todo en cohesión. Cuando no está más esa vibración la parte material formada a partir de esa determinada vibración comienza a disolverse y se vuelve a reunir con el espacio para crear otra posibilidad de vida.

Si reflexionamos sobre todo esto vemos que tiene un gran valor incluso en relación con lo que decíamos sobre el cuerpo y la posición con la cabeza erguida. Antes hicimos un ejercicio que consistía simplemente en mantener la espalda vertical y la cabeza ligeramente erguida, algo separada, no en tensión, llevando hacia arriba toda la columna, estirando las vértebras, dejándolas en orden. Todas las disciplinas, como la meditación, el yoga y otras, requieren específicamente que se mantenga la espalda derecha, explicando que todas las energías fluyen de arriba hacia abajo y también en sentido vertical y en espiral, todo al mismo tiempo. Si adoptamos una postura anómala captamos igualmente la vibración, pero distorsionada.

Puede ser muy interesante saber que si se mantiene la posición vertical circula en nosotros una energía de un tipo totalmente diferente de la que estamos acostumbrados a recibir, porque apuntamos directamente al espacio. Muchas veces decimos que tenemos la cabeza en el cielo y los pies sobre la tierra. En realidad, si mantenemos la dirección vertical estaremos en la tierra, pero por efecto de la verticalidad apuntaremos siempre al espacio, en cualquier posición que estemos, no sólo sentados o de pie, sino también acostados: esta posición correcta sería de por sí una fuente de inmenso descanso.

Es fácil intuir qué significan todos estos razonamientos sobre la posición erguida del cuerpo. Es como si cada uno fuera una cuerda vertical lo suficientemente tensa pero sin llegar a estar rígida, porque de lo contrario se rompe – en todos los sentidos, incluso psíquicamente: de hecho, si la cuerda está muy tensa no suena – y esto vale para todas las posiciones que se adoptan. Lo importante es que esté bien tensa para que, cuando se toque, suene con toda su intensidad y con todos los armónicos que se expanden. El tema que estamos tratando tiene estrecha relación con la Eufonía, porque estamos intentando identificar, en nuestro instrumento, la cuerda que pasa por el interior de nuestra columna vertebral, que sale de la fontanela de la cabeza (sale o entra, como se desee) y llega hasta su base, continuando verticalmente. Esta verticalidad, si se mantiene de forma constante, hace que la cuerda adopte una curvatura.

Todos sabemos que no existen líneas rectas. En efecto, si tendemos una recta al infinito, haciéndola partir de un punto, se encuentra con ese punto formando un círculo. Éste es un principio simple que nos permite comprender que si tocamos la cuerda, la vibración de ese sonido se expande por todo el universo y regresa. No por nada la astrología antigua pensaba que el todo está unido en los flujos y las corrientes, que cada cosa que sucede en el cosmos tiene influencia sobre nosotros y que nosotros estamos influyendo sobre las energías cósmicas, equilibrándolas o desequilibrándolas, porque nada tiene un movimiento sólo horizontal o sólo vertical; esto es sólo una proyección mental, no es real. No es ni siquiera un principio matemático: la física dice que el espacio es curvo, que las rectas horizontales y verticales en realidad son curvas, inmensas curvas en las cuales todo vuelve al punto inicial.

Cada uno de nosotros es un centro y por lo tanto un acto tan simple como colocarnos en posición vertical, parados, con la cabeza erguida, puede ser vivido como si tocáramos una cuerda curva. Si comenzamos a ponernos en equilibrio, todo lo que enviamos está en equilibrio y como tal vuelve a nosotros. El mínimo de bienestar que podemos haber sentido caminando no tiene que ver solamente con un propio proceso fisiológico interno sino que, sobre todo, nos coloca en una disposición más adecuada para poder también recibir. No puedo recibir lo que yo mismo no estoy dando. Es un proceso que en el sonido se llama resonancia o también "simpatía". No puedo pretender captar la armonía con la desarmonía: para lograrlo debo hacer que aquello que existe en mí mismo sea idéntico a lo que existe en el universo y, por lo tanto, resuene. En esta resonancia lo que es armónico en el universo es también cercano a mí, como si me hubiera inmerso en esa onda; y esa onda no existe sólo en el momento que me pongo en sintonía, aunque nos hayan enseñado, no con mucha exactitud, que una cosa existe desde el momento preciso que la descubrimos. Esto puede ser verdadero para mí, como sujeto que la experimenta, pero no está dicho que esa misma cosa no exista desde hace mucho tiempo y que no haya sido ya probada. Es como si en este momento acá hubiera una radio apagada y nosotros dijéramos que no hay ninguna transmisión, ninguna emisión, porque no escuchamos. Pero también este espacio está lleno de todo tipo de transmisiones, de ondas de radio, de ondas electromagnéticas, de una cantidad de cosas increíbles que se producen al mismo tiempo, en este mismo espacio.

Para captar estas transmisiones me debo dotar de un instrumento adecuado, que ya existe en mí. He hablado de la radio para dar un ejemplo, pero también porque los elementos que se han usado para crear ese aparato tienen algunas características en común con nuestros elementos internos. En definitiva yo también me debo poner en sintonía y sólo así capto una realidad que ya existía: ¡en ese momento me doy cuenta de que aprehendo algo que existía desde siempre! Entonces el principio básico de la Eufonía es que cada uno de nosotros se debe poner en relación con lo que ya existe, sin inventar nada.

El primer momento, el de base, es este movimiento del cuerpo, este colocarnos con la cabeza erguida, ligeramente separada, con la columna vertebral derecha y observar brevemente cómo se modifican incluso los pensamientos sólo por este movimiento.

Cuando me coloco en esta posición puedo comenzar a experimentar una cantidad de nuevas sensaciones, a estar más atento y receptivo a tantas otras cosas que también están enviando constantemente su mensaje, que podemos decir que están manifestando una realidad propia que antes me era desconocida. En realidad no puede vibrar en mí algo que no acepto o no puedo comprender, algo con lo que no resueno simpáticamente. El camino en verdad comienza cuando me pongo en un estado de cuerda correctamente tensa. En ese momento comienza un proceso totalmente diferente: mayor receptividad, atención más viva, tensión justa (en el sentido profundo, no tensión nerviosa, psíquica), mayor posibilidad de conocimiento. Así me convierto en una cuerda activa, un ser realmente vivo.

Uno de los motivos por los que en la antigua Gracia la música era considerada un medio educativo ideal era el mismo que estamos ilustrando ahora. Es el escalón que tenemos delante el que debemos mirar para un proceso evolutivo; no sirve hacer uno o dos pisos de un salto, porque podemos rompernos la cabeza. Es el próximo escalón el que debemos subir, porque en una visión verdaderamente armónica debemos tender hacia cada uno de los momentos sucesivos. Todo esto es de fundamental importancia. Por lo tanto, si podremos comenzar a practicar todo lo que se ha dicho este semana, será más que suficiente para lo que nuestro seminario se propone. Aunque debo decir con sinceridad que no se propone un objetivo preciso. Sólo porque existe en ustedes una tensión hacia una determinada meta están y estarán los elementos para que esto se pueda lograr. Pero el curso no se propone nada que no esté de acuerdo con lo que cada uno lleva y busca. Y les explico el porqué: es muy fácil proponerse algo y hacer como si todos fueran caballos llevados a la fuerza a una determinada meta. Cierto, sería más fácil, pero no está dicho que una vez alcanzada esta meta el caballo no recobre la libertad que necesita. Todo esto no tiene nada que ver con el trabajo que nos proponemos, que en esencia es sentir claramente qué nos hace falta en este momento, en este caso.

"Cuando hablaste de cuerpo y alma dijiste que no hay límites. ¿Piensas entonces que el hombre puede conocer todo? ¿No hay algo que es incognoscible?"

Evidentemente, desde el momento que hay espacio en nosotros, somos también espacio, ilimitado. Teóricamente, o sea potencialmente, está en nosotros la capacidad de expandirnos por todo este espacio sin ninguna excepción, sin techos o límites. Pero no por esto debemos creer que somos nada, o creernos la gran divinidad del cosmos, porque no se trata de esto. ¿Hay soberbia cuando decimos que somos espacio ilimitado? ¿Podemos desarrollarnos tanto? ¿O la soberbia más grande es la de darnos el lujo ¡porque es un lujo! de no ser aquello que se es? La soberbia no es decir: "Yo soy espacio ilimitado", sino, al ser espacio ilimitado, no expandirse, aprisionar ese espacio con límites. Esta idea está confirmada por una constatación muy simple: dentro y fuera de una gruta hay el mismo espacio; no sólo eso, sino que la gruta no separa ese espacio, es sólo una membrana del espacio. Los tibetanos dirían: "En el espacio está el espacio; tú, en el espacio, puedes captar el espacio".

"Es como el aire. Yo tengo el aire adentro, que sale y vuelve a entrar".

Si, en efecto. Yo respiro el universo. Pero no teóricamente, esta es la cuestión, porque cada desplazamiento, incluso el de la hormiga más pequeña, equilibra o desequilibra el universo entero. Todo está en movimiento con todo, nada está inhibido. Entonces lo importante es cómo me inserto en esta relación, si deseo – porque puedo desearlo o también posponerlo – tomar ese rol humano que es mío. Por alguna razón estamos acá con una determinada forma exterior, la humana, y esto no es ir a indagar demasiado filosóficamente en las cosas. Si somos humanos, no será sólo a los fines de hacer el recorrido burocrático, por ejemplo, pasando de una oficina de registro civil a otra. No pienso que éste sea el recorrido llamado verdaderamente humano. Es también éste, porque forma parte de una herencia, de un peso que aún transportamos, pero seguramente no es sólo éste nuestro objetivo como seres humanos.

"Pero como nos encontramos estos obstáculos, los debemos superar".

De acuerdo, pero no existimos sólo para esto, a menos que nos identifiquemos totalmente con los problemas de la vida cotidiana. Debemos tener en claro que nosotros mismos complicamos nuestra existencia, muchísimo, en vez de simplificarla a medida que crece nuestra experiencia. Podemos colocarnos en otro plano, aunque nos debamos ocupar de todos los obstáculos que se nos ponen por delante. Pero cuidado si perdemos la idea del rol que realmente tenemos.

"Pero me sigo preguntando si querer conocer todo no es soberbia. El hombre que dice poder conocer todo es un soberbio".

Sin duda, la soberbia es pensar que el todo es demasiado vasto respecto de lo poco que uno cree ser, porque se piensa sólo en términos de un ser físico. Pero desde este punto de vista diría que se es más ignorantes que soberbios.

"En la práctica, si quiero conocer a fondo la geografía, la debo sintetizar, debo dejar de lado también el estudio de los pueblos, si quiero llegar al meollo. Yo no puedo conocer todo bien, o tendré sólo nociones genéricas. Si deseo conocer todo, conozco poco de todo. Conozco, por así decirlo, por las pocas posibilidades que tengo hoy de percibir. No puedo decir que mi percepción es infinita. Claro, prefiero saber algo bien a fondo antes que saber hacer diez mil cosas mal. Para lo poco que yo sé, es un problema de conocimiento".

Sí, pero el conocimiento no está en los detalles. Aunque la geografía, o cualquier otra especialidad, es muy importante porque puede ser parte de nuestra profesión y por lo tanto de nuestra vida, tiene poca validez si no se parte de un núcleo base de conocimiento, que permite abrir cualquier puerta. La abre desde lo profundo, no desde afuera. No se trata de un tipo de conocimiento que profundiza los detalles, en esto estamos de acuerdo, no es posible conocer a fondo todas las cosas. Conocer más simplemente no es adquirir nociones particulares de botánica, de geografía, de astronomía o de otras ciencias, sino es partir del núcleo, de modo que cada una de ellas tenga su propia existencia y esté viva. Es necesario adquirir el conocimiento de los principios para luego especializarse en la ciencia que se prefiera.

"De acuerdo, no debemos estar en compartimientos estancos. Quería decir que cada uno de nosotros está hecho de una pasta diferente. Es claro que venimos todos del universo y tenemos esta base en común pero cada uno expresa un sonido diferente. Esto es algo particular, ¿no?".

Pero que si se desarrolla de forma demasiado independiente hace perder la idea del tronco y ya no sirve, cono está sucediendo con todas las especializaciones que olvidan que son bifurcaciones de un único tronco y una única raíz; o sea no se nutren de una única fuente. Vemos ciencias que son contradictorias entre sí, en cuanto a que ciertas afirmaciones son verdaderas matemáticamente y falsas física o químicamente, o viceversa. Esto deriva de conocimientos que son relativos, que valen en un sector, pero en cuanto están fuera de éste ya no sirven. Pero este sistema no tiene mucho que ver con la vida, que procede de manera totalmente diferente: tiene que ver con un aspecto cristalizado de la vida y crea formas de conocimiento cristalizadas.

"Pero mi interés...".

Tu interés, sí, pero ese camino de conocimiento que se te presenta no sirve para otra cosa que no sea llegar al meollo, y el meollo no es el perfeccionamiento de esa ciencia. En otras palabras, cuando habrás profundizado mucho una determinada materia ¿podrás decir que llegaste al meollo de esa ciencia? No, en ese preciso momento te darás cuenta – como muchos, científicos o no – que has llegado a los llamados límites, confines. No sólo eso, sino que en estos confines confluyen todas las ciencias. Esto nos permite comprender que las fronteras son muy importantes, que no se puede profundizar una ciencia y decir que se ha llegado al meollo de todo. El meollo comienza a aparecer en las ramificaciones y en los confines que inevitablemente conducen a un tronco. Por consiguiente todas las especializaciones que olvidan esto se desarrollan de un modo tan aislado que sólo son aplicables en el propio campo específico, y apenas salen de ese campo ya nada es válido.

"Entonces, todo es relativo".

Es conocimiento relativo, no conocimiento absoluto, éste es el punto; profundísimo, pero siempre relativo. Esto no significa que uno no deba seguir la línea que le interesa, no es ésta la idea. Lo importante es darse cuenta de que cuanto más se restringe el campo, menos tendrá que ver con una esencia general. Cuando una cosa no tiene que ver con la esencia, no se puede aplicar a todos los campos. El problema – y se ha discutido a muchos niveles – es ver qué es lo que verdaderamente sirve más en la vida, aparte de las profesiones: si enormes nocionismos o algunas aplicaciones prácticas, vitales que no se enseñan y ni siquiera se toman demasiado en consideración. En otras palabras, estamos adiestrados para ser buenos ingenieros, buenos arquitectos o lo que sea, ¿pero para qué sirve el buen ingeniero si no tiene en sí y no hace emanar de sí una cantidad de principios que estén en relación en todo el resto?

"Yo soy docente, por lo tanto pienso que lo principal es la relación humana".

¡Justamente! Y la Eufonía apunta exactamente a esto, tratando de que cada uno, en primer lugar, evalúe las propias relaciones internas, la armonía de estas relaciones en sí mismo, porque si bien los conocimientos se han ampliado y difundido con el tiempo, las relaciones humanas no cambiaron mucho; aparte de un mayor refinamiento formal, esencialmente siguen siendo más o menos las mismas que las del paleolítico, del neolítico. Es más, nuestra mente está mucho más henchida de sí misma, incluso a nivel físico, y se autoadula. Esto nos hace creer que algo ha cambiado, pero sólo ha cambiado esta dilatación de la mente; en lo que respecta al resto, las relaciones que establece son de separatismo.

Deseo recordar que se ha utilizado el término "profesión" tomándolo de un concepto religioso y aplicándolo al profesar cualquier actividad específica. ¿Significa tal vez que, si practico esta profesión en mi campo específico, apenas salgo de él no existo más como ser? En esta concepción falta algo fundamental, no sólo en las relaciones con los demás, sino sobre todo en relación con mí mismo. Pensar que muchas veces se ha oído como dictada por la arrogancia la frase: "Ama a tu prójimo como a ti mismo". Creo que esta arrogancia la estamos demostrando, porque en realidad no nos amamos mucho a nosotros mismos.

"Pero esto quiere decir que no se debe hacer a los demás aquello que no queremos que nos hagan".

Este es un egoísmo aún mayor, porque no hago algo a los demás para que no me suceda a mí.

"Yo no robo porque no quiero que otros me roben".

¡Claro, claro! No lo hago, no porque el hecho en sí sea ilícito e injusto, sino porque quiero que no me suceda. Ese "Ama al prójimo como a ti mismo" habla de una ley de resonancia, una perfecta ley de resonancia, y por lo tanto mi capacidad de amar está estrechamente en relación con ella. El hecho es que amarse a sí mismo significa apreciar quiénes somos realmente. Si digo que no soy nada estoy limitado, obligado, frustrado, razón por la cual no puedo amar a nadie más de lo que me aprecie a mí mismo.

"Entonces, es la devoción, el sometimiento al otro, lo que lleva a una persona a mitificar a otra".

Esto matemáticamente termina siempre mal; se termina asumiendo la actitud contraria. El objeto de devoción se convierte en objeto de odio.

"El problema principal, en mi opinión, es comprender que cada uno de nosotros es un Einstein escondido que puede hacerse visible. Se trata de retirar las cubiertas que están encima de nosotros y esconden todas las potencialidades que duermen en nosotros. Por lo tanto pienso que es importante que cada uno dé siempre el máximo de lo que puede dar".

Justamente, y por esto se hablaba del próximo paso. Nos puede interesar conocer esta realidad. Supongamos por un momento que yo soy ese espacio ilimitado, pero no por eso ignoro la situación en la que me encuentro ahora y cuál sería el paso sucesivo para descubrir una parte más amplia de este espacio, para profundizarlo. Estas dos realidades deben existir simultáneamente en mi interior para que yo las pueda penetrar: si debo dar un salto de un metro, me debo adecuar también a la idea de poder hacer luego saltos mucho más elevados para poder alcanzar alturas superiores. Y esto será posible sólo si me doy cuenta de que en mí hay un centro que une todo. Luego el paso sucesivo se hará con relativa facilidad, porque la tensión va mucho más allá. Diciendo solamente "Yo soy espacio ilimitado" no concluyo nada, porque falta la conciencia de una cierta realidad. Pero apenas adquirimos conciencia de esta realidad, advertimos también que espacio y tiempo son lo mismo, que el tiempo se acelera porque cambia el ritmo. Nadie dijo nunca que debemos recorrer un cierto camino en más de quinientos años. Lo importante es recorrer el mismo espacio y adquirir todas las experiencias sin saltar nada. Naturalmente cada uno tiene su tiempo y su ritmo, pero es acá donde se ve la relatividad de muchas experiencias. Se nota sobre todo en el ser humano después de una cierta edad, porque después de períodos de vida vivida con un determinado ritmo, de improviso se despierta en él una cierta autoconciencia que lo hace acelerar los ritmos, insertándolos en una visión más global.

Las diferentes fases de la vida – adolescencia, juventud, madurez – no se pueden clasificar en relación con los años, porque en cualquiera de ellas se puede producir un proceso de crecimiento de autoconciencia que rompe estas clasificaciones. Entonces el tiempo comienza a variar, se acelera. En cambio cuando hay una desaceleración, las parábolas se tornan involutivas, y no se trata sólo de un cierto tipo de decadencia energética, física, sino que se produce una total decadencia del ser humano; mejor dicho, más que decadencia, la extinción de las energías vitales y físicas. Por lo tanto, mientras ciertas energías se pueden mantener o incluso aumentar, hasta de forma ilimitada, actualmente se produce la triste coincidencia de una declinación total debida a una infeliz unión mente-cuerpo. En la antigüedad los ancianos tendían a mantener y desarrollar determinadas funciones vitales, entre las cuales estaba la experiencia de penetrar en un nuevo espacio que correspondiera al propio grado evolutivo. Si no hacemos nuestra esta idea, en pocos años nos parecerá que ya no nos puede corresponder ningún espacio, todos nos parecerán bloqueados. Pero, si se lo desea, es posible ir tomando posesión de un nuevo espacio, el que nos corresponde por experiencia o sabiduría, sin hacerlo en desmedro de otras funciones.

Pero volvamos a los ejercicios realizados, que entre otras cosas favorecen un buen funcionamiento de la circulación. Hemos hecho sólo algunos, que sin embargo pueden ser muy útiles, a cualquier hora, en cualquier momento. Se pueden hacer incluso en cinco minutos, que no es mucho tiempo. La idea es tratar de estirar todos los músculos, nervios, huesos que por diferentes motivos están un poco contraídos y comprimidos, para que encuentren el espacio que les corresponde. Esta serie de movimientos es de gran ayuda para la percepción del sonido, que de lo contrario no puede tener un efecto verdaderamente nutritivo en nosotros. En otras palabras, no podemos gozarlo internamente, es como si se viera con un solo ojo, o se comiera sólo con una parte de la boca. Para la percepción del sonido, que no es sólo auditiva sino que se realiza con todo el organismo psicofísico, debemos encontrar un mínimo de desbloqueo. Sólo así una experiencia de sonido puede tener algún resultado.

Los Armónicos - Los Albores del Lenguaje

Hemos hablado hasta ahora de nuestra percepción del sonido, buscando el mejor modo de ponernos en sintonía. Ahora trataremos de sentir qué sucede en nosotros cuando emitimos un sonido. Coloquémonos con la espalda bien derecha y las manos apoyadas en las rodillas, y emitamos todos juntos la vocal "A", no pronunciada sino cantada. Emitiremos la vocal varias veces y, en el ínterin, intentaremos percibir qué se pone en movimiento dentro de nosotros y qué recibimos al mismo tiempo, y qué significado tiene esta vocal. Respiremos profundamente antes de emitirla.

(Coro de "A ").

"En un momento tuve la sensación de que la "A" se transformaba en "O".
"Percibí una sensación de retorno de la "A", con la transformación en "O" y en "M".
Veamos en qué consiste la percepción acústica. Hay una ley llamada de los armónicos según la cual, cuando emitimos un sonido, podemos percibir armónicos en él. En otras palabras, un sonido está compuesto por muchos sonidos; mientras lo estamos emitiendo, emitimos sólo su base. Experimentémoslo, repitiendo

la emisión de la "A" por grupos diferenciados a fin de obtener un flujo continuo, sin pausas.

(Coro de "A" en un *continuum*).

"Se percibía un tono superior. La vocal era siempre igual, pero era un poco más alta como tono, se distinguía perfectamente".

Ese es el primer armónico del sonido emitido, que es ocho veces más alto pero igual. Por ejemplo si tocamos en el piano un DO, se percibe otro DO que es la vibración directa, por "simpatía", del DO emitido. Por lo tanto, en un cierto punto, este DO se puede hacer audible aunque ya no lo estemos emitiendo. Esta es una de las leyes de los armónicos superiores. El primer armónico que aparece mientras emitimos un sonido es lo que llamamos octava superior: DO, RE, MI, FA, SOL, LA, SI...DO. Si seguimos emitiendo este DO, comienza a aparecer su armónico superior. Hay muchos otros armónicos, aún más arriba. Pero sigamos observando, sin ningún tipo de condicionamiento, qué sucede cuando pronunciamos la "A" y qué significa para nosotros emitir un sonido. Aparte de esta percepción global de la "A" transformada en "M" ¿hubo otras sensaciones llamativas?

'Internamente todo resuena y es increíble cómo sigue resonando incluso cuando se deja de pronunciar la "A".'

Es como si estuviera presente. Es evidente que esta percepción está favorecida también por el contacto con la naturaleza.

"Es como un eco" .

¡Sí, pero qué eco! Es como una justa resonancia, es como cuando se tiene un óptimo instrumento musical construido con una buena madera para la caja de resonancia. En este caso su resonancia es realmente infinita. Pero si este tipo de experiencia se realiza en un lugar donde predomina el cemento o materiales no resonantes sino absorbentes, percibiremos un chirrido en vez de su justa resonancia.

"¿La "A" es una vocal particular?"

¡Naturalmente! También cuando se hace una exclamación ésta se expande, necesariamente. Esto sucede en cualquier idioma, no se trata de un hecho idiomático. Tenemos así otra prueba de que las dualidades, incluso la de Oriente-Occidente no tienen razón de existir y deberían eliminarse. LA "A" es "A" en todos lados. Como confirmación ulterior vemos que en las fases iniciales de la vida ciertas expresiones son comunes para todos los pueblos: todos los niños emiten como primeras sílabas "ma" y "pa".

La pronunciación de las sílabas se considera realmente esencial. En India es la base de cada *mantra*. Estas sílabas son los sonidos más simples y naturales, los esenciales, emitidos por cualquier criatura. Si se escucha el maullido de un gato, o el mugido de una vaca, se pueden comprender algunos de los motivos por los que ambos animales eran considerados sagrados en la antigüedad. "Mau", "miau", o sea A, U, M. El egipcio admiraba al gato justamente porque le revelaba algo pronunciando esos sonidos, con la voz particular que emite durante ciertas noches de luna: una voz casi humana, rica de armónicos. Además, los indios respetan a la vaca por el sonido que emite: "MU", una "U" que al final se transforma casi en "A". No por nada este animal se considera sagrado, aunque con el tiempo la superstición ha cubierto las motivaciones primarias con otras. También el perro pronuncia vocales, la "A" y la "U", sea inglés, alemán o de otras naciones. Entonces el ladrido del perro no es un ruido. Pongo el acento en las vocales porque son más importantes que las consonantes, siempre.

Todo lo que hemos dicho es esencial porque une, pero también es importante porque podemos experimentar en nosotros qué significa cada una de estas vocales. Veremos adonde lleva esta investigación, confiando en que nos ayude a responsabilizarnos más tanto al hablar cuanto al escuchar; finalmente podremos comprender qué uso hacemos del sonido, fundamentalmente cuando hablamos.

Pero volvamos a la "A". ¿Hay algo más? Estábamos hablando de resonancia de todo el organismo y de la permanencia de la vibración. Es importante destacar la diferencia que hay entre la "A" pronunciada rápidamente y la "A" entonada.

"Si se emite la "A" rápidamente, diría que se expresa algo superficial, mientras que cuando se la entona se extrae algo desde lo profundo".

Interesante como observación. Entonces hay una variación de calidad del sonido. Ahora planteemos la hipótesis de que una persona nos hable o nos lea de la manera habitual, y que otra haga lo mismo pero de una manera inspirada, con una cierta tonalidad. ¿Cuál de las dos comunica más?

"El segundo tipo de emisión involucra mucho más íntimamente a quien emite el sonido y a quien escucha".

"Involucra también físicamente, diría, a causa de la concentración, mientras que si el interés no está estimulado el físico no participa".

¿Les parece una experiencia liberadora? ¿Sienten que sería posible desbloquear algo con ese sonido?

"Pienso que depende también del modo con que uno se pone en relación con lo externo, o sea si se intenta entrar en sintonía con el todo".

¿Y qué hay que hacer para ponerse en sintonía, tanto si se pronuncia la "A" como un sonido cualquiera o si se la emite haciendo participar también al propio organismo psíquico?

"En el segundo caso está la atención hacia quien está hablando, diría que hay una relación".

Por ejemplo, en el habla cotidiana ¿logro comunicar con la naturaleza? En el habla habitual se usa la retórica y fundamentalmente el intelecto. Pero si recorremos toda la historia de la humanidad vemos que cuando existió el deseo de comunicarse con la naturaleza, con uno mismo, con la divinidad, siempre se recurrió a la palabra entonada y nunca al sonido hablado. En efecto, para los primeros hombres canto y lenguaje eran una única cosa. Fonética y fonológicamente nosotros hoy nos movemos sólo en el ámbito de algunos sonidos musicales, o sea que usamos una gama tonal muy restringida, aun cuando en sus diversas combinaciones resulte muy expresiva. Ahora ninguno de nosotros osaría comenzar a emitir sonidos agudos o graves para hablar, ninguno se atrevería a cambiar de timbre para manifestar un sentimiento, porque se debe mantener siempre una cierta compostura. Por eso nos movemos en el ámbito de cinco, seis sonidos; el máximo es casi una octava en los momentos de emoción, cuando hacemos una exclamación. En estos momentos hay un poco de apertura, aunque el sonido no es musical, no es entonado como el de un artista de ópera, por ejemplo, que para expresar una sensación o una emoción entona un sonido cantándolo. Advertimos entonces que para hablar emitimos sólo una limitada gama de sonidos y que somos bastante monótonos, incluso con expresividad. Es muy interesante destacar la gran diferencia que existe entre esta gama muy pequeña, incompleta, y la variedad de entonaciones, casi en el umbral del canto, que era habitual entre algunos pueblos. Pero también esto se perdió paulatinamente con el tiempo. Por ejemplo, en algunas lenguas emitir una vocal o una sílaba significaba cosas diferentes según la entonación. Hoy es un poco complicado comprenderlo. Sin embargo en el chino y en todos los idiomas derivados (por ejemplo el vietnamita) encontramos esta necesidad de diferente entonación silábica para expresar cosas distintas, por lo tanto en esos países aún vive un cierto legado musical. Lo más importante es que esta gama sonora no se circunscribe sólo a lo mental, que controla lo que se debe o no se debe decir, sino que va más allá de este estrecho límite. En cambio hablando nunca llegaremos a alcanzar ciertos sonidos de la gama musical, aunque estén dentro de nuestras posibilidades, porque limitamos mucho el uso de esta misma gama. Sólo cantando podemos lograrlo, porque en el canto la pronunciación se diversifica a causa de una diferencia de vibración. Aunque hablar es muy importante porque resalta ciertos contenidos, prácticamente no tiene y no puede tener el mismo efecto que se obtiene mediante el canto. Esto se confirma considerando también las posibilidades expresivas de la poesía, con su necesidad de establecer diferentes ritmos. Una combinación poética se crea justamente para condensar diferentes realidades y por esto necesita ritmos diferentes de los habituales, también porque contienen una cadencia. Es verdad que la recitación de una se puede hacer siempre con los mismos tonos y resultar un poco monótona, pero incluso con esta limitación la poesía se acerca mucho a una idea musical del lenguaje.

Hemos visto entonces que algunos contenidos pueden ser mucho más evidentes, sintéticos y expresivos apenas la palabra comienza a ser entonada y a adquirir musicalidad. Es muy importante tenerlo presente porque forma parte de un legado que se podrá desarrollar cuando nos libremos de algunas de nuestras limitaciones, también de tipo psicológico. De hecho el lenguaje, cualquiera sea, no es más que la expresión de nosotros mismos.

La investigación sobre las vocales es muy importante, porque veremos qué sucede en nosotros, qué parte de nuestro organismo se pone en movimiento cuando estamos pronunciando una palabra, cuál es su influjo, qué cambia al entonarla. También la experiencia del canto es muy importante porque puede ayudar a liberar de una tensión y al mismo tiempo puede contribuir a un redescubrimiento de nosotros mismos mucho más profundo. Estamos acostumbrados a considerar el canto como algo separado, algo artístico, profesional, y por lo tanto cantamos realmente poco para nosotros mismos. No se comprende por qué deberíamos cantar, mientras resulta comprensible que lo hagan los demás, y muy bien. Sin embargo se trata sólo de emitir un sonido, de pensarlo como algo que provoca en nosotros una especie de limpieza interna, porque pone en movimiento el aparato respiratorio, y sabemos que mente y respiración son la misma cosa.

No estaría mal dedicarnos también al canto. Pero primero veamos las vocales. Hay verdaderas meditaciones para hacer sobre cada vocal y algunas, muy importantes, conciernen a la "I" por una particular calidad vibratoria que tiene, muy diferente de las demás. ¿Emitimos por un instante la "I"?

(Coro de "I").

'Las impresiones más comunes fueron que el oído se torna más receptivo, y que en relación con la percepción auditiva, a un cierto punto la "I" se confundía con la "E"'.

La "I" y la "E" están muy cerca, es cierto, pero en este caso no es tan llamativo el hecho de los armónicos como cuando se emite la "A". La "A" contiene muchos más armónicos, pero la "I" tiene una estrecha conexión con algunas energías específicas dentro de nosotros mismos. No por nada en casi todas las civilizaciones la "A" es considerada el origen del todo: ver el *Aleph* hebreo, el Alfa y la Omega del Ser. Entonces no deberíamos desconfiar cuando en algunas Sagradas Escrituras se lee que el universo ha sido creado con letras, vocales y consonantes. Cada cosa está formada por vocales y consonantes. Alrededor del espíritu representado por las vocales se unen consonantes que tienen una fuerza material. No hablamos sólo con vocales, aunque sería más fácil que hablar con las consonantes, que por sí solas no podrían expresar nada, con excepción de la "M", la única que puede vibrar continuamente. No podemos vibrar con la "T", por ejemplo.

"Antes de continuar con la "I" debo preguntar si piensas que cada sonido pueda tener una forma correspondiente".

No sólo lo pienso, sino que se ha comprobado hace ya muchos milenos, y ahora aún más gracias a las experiencias hechas con materiales y vibraciones sonoras, como ya hemos dicho. A cada vibración corresponde una forma adecuada. Las vibraciones crean formas geométricas, símbolos como la cruz, triángulos o incluso organismos, células, Hay una notable variedad, según la vibración emitida, sólo que no siempre estas formas son visibles. También el sonido emitido por nosotros crea formas no visibles, geométricas o no, según los contenidos, y esto porque, de por sí, cada cosa está conectada con la otra: sonido, color y forma son una única cosa.

Volviendo a la "I", reintentemos emitirla prestando atención a la escucha, a las distancias que puede alcanzar, porque uno de los efectos provocados por esta vocal es la extensión en el espacio del sentido del oído, y por lo tanto se tiene la sensación de escuchar mejor.

(Coro de "I").

"El aire me parece más terso".
Sí ¿pero es el aire más terso, o tú lo has hecho más terso?
"Yo lo he hecho más terso".
Esto es interesante. De todos modos puede ser útil saber que en muchos idiomas, incluso algunos que derivan del

sánscrito, la "A" y la "I" expresan fundamentalmente el universo y nuestra identidad. En inglés y otras lenguas europeas, por ejemplo, para identificar el "yo" se usan sílabas cuya letra inicial es la "I". La "I", como vibración expresa entonces nuestra identidad. Otros tipos de calidades sonoras están en relación con las otras vocales, con algunas combinaciones silábicas entre ciertas consonantes y las principales vocales y con algunas de las propias consonantes.

Diría que esta parte es el inicio de un camino hacia la conciencia del significado del lenguaje, del sonido en el lenguaje cotidiano y al mismo tiempo, del sonido entonado. Es muy interesante para quien haya estudiado la historia de las religiones y haya seguido alguna de cerca ver que en ellas, cuando es necesario dirigirse a la parte más profunda de sí mismos, o a la que se considera la divinidad o algo superior, se usa siempre la palabra entonada. Lo podemos observar en los salmos bíblicos, en el canto védico y en otros cantos sagrados. En todos los casos, sin excepciones, se sentía la necesidad de cantar. Algunos pueblos incluso eran conscientes de cantar el universo, de expresar en el canto lo que acontece en el universo. Existirá en India la conciencia del Ser cuando los devotos, dirigiéndose a la idea de la divinidad suprema, harán decir a ésta: "Aparezco allí donde mis devotos cantan: no donde se habla de mí, sino donde soy cantada". Es un concepto interesante, que retomó el canto gregoriano en Occidente, que nos hace comprender claramente cuál puede ser el significado y la importancia del canto.

En realidad, quien cantaba se sentía partícipe de la misma naturaleza de la esencia que se estaba cantando. En este concepto está casi la revelación de que cada cosa, en el universo, está constantemente cantando y emitiendo sonidos. Podremos también ver como, en ciertas músicas, está la percepción directa de estos cantos del universo. La que llamamos inspiración no sería entonces sino dar un apoyo, no un contenido, a algo que ya existe. En realidad no se podría producir en nosotros un cierto tipo de conmoción, de emoción o de vibración simpática si no se tuviera algo en común con lo que estamos escuchando. No olvidemos que hasta principios del siglo XX los principales músicos componían en lugares que les permitían estar en contacto con la naturaleza. Posteriormente otros artistas compusieron y componen lejos de la naturaleza. Lo que surge de esto, más allá de que sea bello o feo, es la expresión directa del contexto. En cambio, en las principales obras de arte, existe esta relación directa entre expresión musical y contexto natural.

"¿Existe una ciencia que estudia el uso del sonido en la acción cotidiana, en el lenguaje cotidiano, a fin de que los contenidos puedan tener otra calidad?".

Hoy se nota un interés por un lenguaje un poco más crítico, no de matices lingüísticos, sino de sentido. La semántica se ha dedicado a la investigación del significado de las raíces dejando de lado el problema del sonido como entonación, dejando de lado el problema de la música. Inicialmente el lenguaje y el sonido eran una misma cosa, una misma persona era gramático y músico. En consecuencia, no sólo hay un origen común de sonido y lenguaje, sino también una necesidad común de riqueza, de apertura, de expresividad en el uso que hacemos de éste. Que luego haya sido aplastado, por un abuso del intelecto...

"En el *Trivium* y en el *Quadrivium* la retórica era una de las artes que se enseñaba".

...Y también la música. Sólo que las entonaciones comienzan a decaer poco a poco también en esas escuelas.

"Me pregunto si el occidental no habrá tenido necesidad de la composición musical, como la conocemos, para hacer frente al progresivo estrechamiento de la propia amplitud de tonalidad".

Es cierto que subsiste un recuerdo del lenguaje primordial, como observamos en la mitología de todos los pueblos, donde en algunos casos se llama "el lenguaje secreto de los pájaros", para dar la idea del canto, de un lenguaje humano que constaba de sonidos que permitían un cierto tipo de comprensión universal. Las mismas mitologías narran que esos hombres no tenían un cuerpo físico, eran seres etéreos, de luz, que se expresaban sólo con esos sonidos. En definitiva, la idea de un lenguaje primordial, antiquísimo, iba mucho más allá de nuestro concepto de pronunciaciones, de vocales, de consonantes. Era algo mucho más directo.

Los Ritmos Vitales

Tratemos ahora de ver qué relación tiene el ritmo con la Eufonía. Establecida una unidad de tiempo fija, puedo realizar en ella diversos movimientos. Por ejemplo, en un minuto puedo realizar tres movimientos lentos o seis veloces, o un número mayor, relacionado con la rapidez. Si las fracciones rítmicas se pueden alterar a voluntad en la misma unidad de tiempo, podemos deducir que hay una diferencia entre la duración y el ritmo de la duración. Decimos que un determinado movimiento es rápido y otro es lento, pero en este lento podemos tener ritmos velocísimos y en el rápido ritmos lentísimos. ¿Entonces qué relación se puede establecer entre la duración y el ritmo interno? ¿Y por qué es relativo? Supongamos que yo hago un movimiento lento, tan pausado que incluso puede parecer en cámara lenta; en este movimiento desacelerado puedo realizar una infinidad de ritmos velocísimos, ritmos esencialmente internos. Es más, cuanto más lento es el movimiento, mayor puede ser la velocidad interna de los ritmos. Encontramos así que el ritmo es subjetivo y que cualquier unidad de tiempo se puede subdividir en un número indeterminado de formas rítmicas. Entre un latido y otro, si lo deseáramos, podríamos establecer miles, billones de ritmos y encontrar también formas de vida diferentes.

"Entonces el ritmo es individualidad y el tiempo es aquello que vincula las diferentes individualidades".

Sí, pero profundicemos un momento el problema. ¿La duración es realmente fija, estable, o el ritmo puede modificar la duración? Si el ritmo es subjetivo, un segundo es siempre un segundo? Evidentemente no.

"En efecto un segundo puede parecer larguísimo y otro, brevísimo".

Por consiguiente, cuando afirmamos por ejemplo que tenemos diez minutos para hacer una determinada cosa, no nos expresamos de modo exacto, científico, sino de modo convencional, porque el ritmo de nuestro accionar en esos diez minutos puede ser muy variado. ¿Podemos entonces alterar ese ritmo subjetivo a punto de aprovechar como lo deseemos ese ritmo llamado duración, se trate de la duración de un día, un año o toda una existencia? Si estudiamos los ritmos – y estudiar significa experimentar – podremos, sin duda, hacer que esta duración se amplíe notablemente, confirmando la teoría ya sostenida por Séneca en un ensayo sobre la brevedad de la vida. Él afirma que todos nosotros nos lamentamos de que la vida es breve pero no sabemos aprovechar el tiempo que tenemos a disposición. Y sigue una enseñanza al respecto.

Por lo tanto tenemos duración, ritmo subjetivo, alteración de todos los ritmos posibles en esa duración. Entonces, si tengo una duración y un cierto ritmo en la duración, puedo variar los ritmos como lo desee, porque son sólo mentales. Pero cambiar los ritmos significa variar el espacio que se encuentra en esa duración, porque allí puedo percibir incluso un espacio infinito. Y probablemente sólo de cero a un segundo. Si entre el inicio y el fin de la duración acelero los ritmos, obtendré también una aceleración de conciencia. La conciencia no actúa lentamente, al contrario, actúa con una velocidad que no podemos percibir con nuestras capacidades normales. Son velocidades tan grandes que el todo nos parece estático. Hay algo extraño a propósito de la percepción. Si pensamos que la Tierra se está moviendo a una velocidad de miles de kilómetros por hora, que también está recorriendo el espacio alrededor del Sol, que todo el sistema planetario está girando y que nosotros acá, de pie, decimos que estamos detenidos y quietos, nos puede parecer increíble. Es tan fuerte la velocidad que la percibimos como calma. Tan fuerte era la velocidad de conciencia de Buddha, tan acelerado su movimiento que se percibía como absoluta calma. Entonces, lo que Buddha o Cristo o cualquier otro de estos grandes Seres supieron extraer del tiempo ha sido la aceleración, implícita de por sí en la conciencia.

La conciencia tiene por ende una velocidad que le es propia y que no podemos definir, lógicamente, en kilómetros o en años-luz, pero que es infinitamente superior a cuanto podamos imaginar, mientras en su interior, al mismo tiempo, se realizan infinidad de procesos. Tratemos de pensar un momento en la actividad de nuestra conciencia durante una jornada, en todo el trabajo que debe realizar al mismo tiempo, a una velocidad enorme, manteniendo una única estructura, la del "yo". Para nosotros todo esto es un proceso normal, inevitable; pero podría no serlo. En realidad nuestra conciencia, al menos la que existe en la limitación de nuestra personalidad, tiende más a los ritmos lentos, aunque nos puedan parecer veloces. Al respecto se puede advertir una concepción diferente de la relatividad de los ritmos en las culturas de Oriente y Occidente.

Pero ocupémonos del problema de la duración. Cada uno tiene su tiempo y sus ritmos. ¿Pero qué sucede cuando queremos alterar esos ritmos? ¿Cuando la conciencia, que es nuestro verdadero "yo", nos impulsa a modificarlos porque debe entrar una nueva vibración y necesita un ritmo más ágil? Alteración del ritmo significa también alteración de vibración y de frecuencia. Cuando modificamos un ritmo fijo nos parece que perdemos algo. En realidad perdemos sólo la costumbre de ese ritmo fijo, que se transforma en uno nuevo, sólo se transmuta, manteniendo siempre la misma duración. Por este motivo muchos sabios, tanto de la antigua India como de Egipto y China, sostenían que en cada instante, o fracción de instante, existen tres tendencias de la naturaleza: la de armonía o equilibrio, la de movimiento y la de inercia. En consecuencia, también en los períodos de mayor duración (un segundo, un minuto, una hora, un día) existirán siempre estas tres características en cada ser, en cada cosa creada. Por lo tanto, incluso en un milésimo de un instante podemos encontrar un punto armónico, aunque algunas veces nos pueda pasar inadvertido a causa de nuestro ritmo habitual.

Cuando el ritmo se hace fijo, o sea se torna repetitivo, ya no se percibe como tal. Aclaremos este concepto. Si durante dos o tres días les hago escuchar un latido, mucho antes de dos días ya no se tendrá la percepción, ya no se lo escuchará. Ante todo porque hay una negativa a escucharlo, en segundo lugar porque en determinado momento pasa a formar parte de nuestro bagaje inconsciente, o sea se sumerge tanto en el inconsciente que aunque se mantenga como ritmo deja de percibirse, no es más un ritmo vivido, crea una vida aparte. Es precisamente lo que nos sucede cuando realizamos actos de tipo automático (porque el ritmo entra también en esto) antes de que sea nuestra conciencia la que los desee hacer. Lo mismo sucede para muchas costumbres de tipo psíquico, que tienen su propia vida pero están situadas en el fondo del "mar", o sea en el inconsciente. En este caso, el ritmo no es exactamente lo que flota, porque de lo contrario debería ser un ritmo vivido, actuado conscientemente. Por lo tanto el ritmo siempre es subjetivo, pero puede ser consciente o inconsciente. Puede ser vivido, percibido como consciente, o ser rutinario. En este caso vive solo, se hace solo, es él quien nos lleva. Se que toco una punto algo difícil para algunos, pero quien fuma sabe que muchas veces es el cigarrillo el que "nos fuma", no nosotros que lo fumamos; se toma solo, se enciende solo, es él quien tiene conciencia.

Es un ejemplo llevado al extremo, pero el campo psicológico está lleno de ejemplos de este tipo, porque necesitamos que muchas cosas se sitúen en el inconsciente. Habrá también un campo de experiencias vividas que deben quedar como ritmos inconscientes, en esto estamos de acuerdo, porque así no tendremos que preocuparnos excesivamente de algunas cosas esenciales, como ciertos movimientos, ciertas acciones de la vida común. Pero cuando entramos en el mundo psicológico, todo lo que se torna rutinario comienza a formar como una especie de cristalización sobre la conciencia. En cambio la conciencia debe estar constantemente en expansión, en movimiento, bella y colorida, sonora, debe ser algo irradiante, vivo, vital. Para una parte de la conciencia, los hábitos constituyen una cantidad de cubiertas, de cristales, a veces muy resistentes, formados por ritmos rutinarios. Estos son capaces de crear formas autónomas, que viven de sí mismas, aunque no totalmente, porque son un poco como los parásitos de las plantas:

aún teniendo una vida autónoma toman la linfa de la planta, saben cómo extraerla del árbol... o de un individuo. Entonces la acción del ritmo inconsciente sobre nuestra conciencia, mejor dicho sobre algunas de sus partes, es la de extraer poco a poco la linfa vital.

"¿Es siempre negativa esta tendencia?".

De por sí la costumbre, cristalizando, se convierte en negativa, porque no deja fluir la vida.

"Entonces una costumbre positiva puede tornarse negativa".

Claro, por ser costumbre. Porque si fuera íntegramente positiva no mantendría un ritmo fijo.

"Ya no sería inconsciente".

Exacto, ya no sería inconsciente. Pero no es sólo una cuestión de ritmo, es cuestión de cómo transcurre el ritmo en la duración, cómo circula en ese determinado tiempo. Si yo soy consciente, el ritmo fluirá siempre sin cristalizaciones, aún si se mantiene durante un cierto período. Pero también se debe cambiar para que no surjan problemas de cristalización, se debe alterar cuando sea necesario. Haciendo una atenta observación, podríamos identificar en cada uno de nosotros una cantidad de ritmos "vividos", como también muchos rutinarios.

¿Pero en qué nos puede ayudar la idea del ritmo? En la música y lógicamente también en la Eufonía existen tres componentes fundamentales: el ritmo, la melodía, la armonía. El ritmo se conecta principalmente con la vida de las energías que circulan en nosotros mismos; cuando decimos vida energética no nos referimos sólo a la física, porque todas las energías que tienen un movimiento están sujetas a la ley del ritmo. En cambio la melodía tiene una relación más directa con la vida afectiva o, por así decirlo, con el plano emocional; en todos los campos de la emoción, desde las emociones más groseras a las más elevadas, la melodía está siempre en relación con la vida afectiva. Naturalmente, ritmo, melodía y armonía no son tres cosas separadas, sino que están juntas en un campo común de acción, de influjo, y están en conexión directa con algunas partes de nosotros mismos.

"Entonces, cualquier costumbre que tengamos debemos llevarla a nivel consciente. Por lo tanto la misma costumbre puede cambiar de un día para otro".

Claro, y no sólo cambiar. Nos puede aclarar el contenido que tenía una experiencia en un determinado momento y que faltó cuando se creó la costumbre. Tenemos muchas costumbres que han perdido su contenido. Eliminarlas significa vivir con los ritmos de la naturaleza, que como bien sabemos jamás son repetitivos. Aunque asistimos al regreso cíclico de las estaciones, nos engañamos si pensamos que cada primavera es igual a la anterior. En cada cosa la naturaleza nos ayuda a ver que nunca es repetitiva, a menos que cristalice. Pero cuando hablamos de cristalización producida por nosotros sobre nosotros mismos, nos referimos a un tipo de cristalización un poco artificial, carente de vida, diferente de la del cristal, por ejemplo, que está vivo y deja pasar la luz. Y quien desee indagar por qué se llama cristal, recuerde la palabra "Cristo"; la expresión "luz crística" y cristal son lo mismo, tienen la misma raíz común.

"Por lo tanto, si sacamos de la conciencia las cubiertas, las cristalizaciones, debería estar la luz".

¡Está! Muchos de nosotros dudamos que verdaderamente esté, pero está siempre!

"La cubierta la ofusca, de alguna manera. Sacándola, debería aparecer más esplendente".

¡Como es en sí! Por lo tanto nosotros podemos adaptarnos, incluso de a poco, a los nuevos ritmos. No es fácil, pero en un proceso evolutivo y en Eufonía no deberíamos confundir adaptación con costumbre. De hecho la adaptación, evolutivamente, no está hecha de costumbres. Adaptarse a un nuevo ritmo es también colocarse en una nueva condición, no inconsciente, sino siempre vivida conscientemente. Entonces la idea del ritmo, incluso en la música, nos puede ayudar, porque nos recuerda continuamente esta implícita libertad que existe en cada uno de nosotros. Y también cuando el ritmo es repetitivo nos está enseñando un tipo de movimiento presente en nosotros mismos.

En la música hay entonces una inmensa posibilidad de expresión de movimientos, de ritmos, que sin embargo no son sólo musicales, sino que están manifestando realidades existentes en zonas muy profundas, o incluso superficiales, de nosotros mismos. Así se explica cómo muchos tipos de música, aunque no sea bella, encantan a la juventud durante un cierto período, porque son músicas fundamentalmente rítmicas. Durante la juventud los ritmos tienen una importancia increíble: se tiene la necesidad de bailar, de seguir un ritmo, y ni siquiera se comprende bien el porqué.

Sin embargo eso tiene un significado, aunque lamentablemente hoy se haya deformado y se haya llegado al uso y abuso de ritmos en una clave que no tiene nada de liberadora y sí de comercial.

"¿Liberadora en qué sentido? Nunca pude comprender de qué cosa nos deberíamos liberar con los ritmos".

De hecho muchos de estos ritmos, cuando se convirtieron sólo en un medio para explotar comercialmente el interés de la gente, sobre todo joven, perdieron toda función liberatoria. La idea de la educación mediante la gimnasia y la música desarrollada en la *República* de Platón, donde el uso de ciertos ritmos bien precisos se ve justamente como medio educativo, ha sido muy deformada por el tipo de óptica actual. De todos modos, aún estando lejísimos de ese principio, el joven siente casi una atracción inconsciente, siente la necesidad de estos ritmos.

En realidad la evolución de los ritmos proviene de la música folclórica. La mayor variedad de ritmos se encuentra en todas las músicas antiguas, clásicas y folclóricas, que tenían en su propio contexto una función muy clara. No hay lugar en el mundo donde la música llamada folclórica no sea eminentemente rítmica; es más, está compuesta por ritmos mucho más diversos que los modernos, que ya son fijos. Lo que los jóvenes escuchan, cuando los vemos por la calle con sus reproductores portátiles, no son sino ritmos uniformes, aunque estén entremezclados con fondos de alguna melodía, de alguna canción. En cambio, en la música folclórica conservada hasta nuestros días (por ejemplo, la música tzigana, sudamericana, africana) hay una variedad de ritmos que no es posible encontrar en otros géneros de música. Esta polirritmia parece un modo de mantener en vida constante –

vida psíquica – el organismo, también el de la comunidad. El momento de encuentro para la escucha y la danza folclórica era probablemente uno de los más importantes de la vida de una tribu o de una comunidad, porque durante tales reuniones se podrían tener experiencias muy interesantes.

"Porque ese tipo de música uniformaba los ritmos de todos".

Más que uniformar, expresaba algunos ritmos característicos de esa comunidad, de ese grupo de gente. No hablemos de África, donde la música folclórica es característica y se siente como una necesidad. Es el culto del tambor que ha dado el ritmo, marcando los ritmos de la vida y los naturales. Sin duda hoy todo esto resulta algo alejado de nuestras costumbres, pero habría que meditar un instante sobre la función que tienen o han tenido esos ritmos. De hecho ahora son de poca actualidad, ya casi no responden a un contexto, salvo en pocos lugares del mundo. Además son ritmos y músicas que no pueden ser escuchados o danzados como una cosa aparte. Cuando son ejecutados en teatros, incluso por gente muy capaz, no tienen, no pueden tener el significado que tenían en el contexto donde nacieron, donde actuaban casi como distribuidores de energía. Es el mismo principio que regula la elección de la vestimenta, los colores, los cosméticos usados para determinadas celebraciones. No debemos decir, por ejemplo, que el color en ese caso es sólo una característica muy interesante, porque hay un significado mucho más arraigado y profundo que se debe ver en función de los momentos más importantes del año o de la jornada. No se usan el baile y el maquillaje sólo por diversión y alegría; gozo y alegría no forman parte de ciertos momentos conmemorativos entre las tribus africanas o de otras comunidades; se hace sólo porque estas cosas tienen o tenían un significado particular en este contexto.

Como se ve, la idea de la polirritmia, se encuentra mayormente en pueblos en contacto con la naturaleza. Cuando se comienza a perder este contacto los ritmos se empobrecen, se encuentran sólo dos o tres, con pocas posibilidades de alteración. Cuanto más retrocedemos en el tiempo, encontramos más ritmos irregulares y sus combinaciones; no ritmos en dos o cuatro tiempos, sino en cinco, en siete, en nueve, en doce, en dieciséis tiempos, y ciclos polirrítmicos. Son combinaciones increíbles, que casi ni podemos seguir y que el jazz, de alguna manera, muy de lejos, trata o ha siempre tratado de mantener preservando la idea de la improvisación rítmica, pero que sin embargo ha perdurado sólo como un fenómeno cerrado, que ya no tiene relación con una comunidad o una sociedad.

Entonces polirritmia, ritmos vitales y contacto con la naturaleza son una única cosa. Perdido el contacto con la naturaleza (entendido no como vivir entre los árboles, la idea no es ésta, porque el contacto se puede producir de muchas maneras; y la causa primera de esta pérdida es que nosotros no nos reconocemos como naturaleza) se tienen ritmos monótonos y en un cierto sentido, pobreza de vida, aunque con una cierta cultura.

Los Cinco Elementos

Nos dedicaremos ahora al problema del Éter y la transmisión del sonido en el aire, dado que se solicitó una profundización al respecto. En las filosofías antiguas generalmente se consideran cuatro elementos: Tierra, Agua, Aire y Fuego. En el mundo antiguo griego y chino el Éter forma parte de un quinto elemento, más aún, se lo considera el padre de los otros cuatro, una especie de síntesis. No obstante es necesario comprender que dentro de estos elementos principales se encuentran las miríadas de elementos indicados sucesivamente por la química; en otras palabras, los elementos que los antiguos filósofos trataban no tenían nada que ver con los elementos químicos de la tabla de Mendeleiev.

Cuando los nuevos químicos afirman que los antiguos alquimistas conocían sólo cuatro elementos, cometen un error verdaderamente absurdo. A esta altura un químico que haya leído aunque sea un pequeño manual de Alquimia ya no puede decir que sus antepasados conocían sólo cuatro elementos, porque en realidad cada uno de estos era considerado una especie de grupo vital que contenía miles; miles de seres de la Tierra, del Agua, del Aire, del Fuego. Por ejemplo, los antiguos identificaban como seres de la Tierra a los elementales, los gnomos, las sílfides; las ondinas formaban parte del elemento Agua; las salamandras se describían como seres que danzaban en el Fuego, y así sucesivamente. Los alquimistas, y muchos otros antes que ellos, conocían bien a estos seres, digamos que tenían casi una relación directa con ellos, porque formaban parte esencial de la vida. Cada elemento poseía una clave y estaba habitado por una agrupación, una legión de vidas.

Muchas leyendas de la antigüedad nos presentan a los gnomos como seres de los bosques, dedicados también al trabajo de los metales y las piedras en las minas, para darnos la idea de elementos que operan para crear algo esencial para la vida. En las leyendas de los Nibelungos, por ejemplo, son los gnomos lo que poseen todas las riquezas y la Mina del Oro del Rhin. En todas las mitologías siempre habrá una jerarquía de seres que habitan los diversos elementos. Seres elementales del Agua habitan este elemento, que no es simplemente el agua física, sino todo aquello que tiene una vibración acuática dentro de la Naturaleza. Los famosos elfos de los bosques, o los seres, llamados en India *Marut*, que llevan el viento a todas las direcciones del espacio (en los mapas antiguos están representados mientras soplan desde todos los puntos cardinales) se describían cada uno con personalidades diferentes. Ninguno de nosotros duda de que el Bora es diferente del Siroco y que todos elementos naturales tienen propiedades particulares; antiguamente incluso se los personificaba como seres a los que era posible contactar.

Durante la antigüedad existieron cantos que tuvieron la función de poner al hombre en sintonía con cada uno de estos seres, para ser amigos o para controlarlos. Por ejemplo, cuando hacía falta la lluvia se cantaba para conjurar a este elemento a fin de que se pusiera al servicio de una necesidad vital. Todo el mundo chamánico ejercía este arte a la perfección, porque conocía las sílabas, los cantos, las notas, los ritmos. El tambor chamánico no era simplemente un instrumento que acompañaba a este personaje en particular, también era un punto de conexión, un puente para comunicar directamente con los elementos, porque es justamente el instrumento que "conoce" y que "debe", de alguna manera, mantener el equilibrio entre el mundo humano y el mundo de los elementos.

Entre esta vasta gama el Éter tiene su función particular, porque es el quinto y al mismo tiempo el primer elemento, porque resume todas las cualidades que poseen los otros cuatro. Esto, como bien podemos ver, residen también en nosotros, que por lo tanto participamos de la vida de cada uno de los principios de la Naturaleza. Vemos de hecho que hay una parte de nosotros compuesta por elementos terrestres, y también para al Agua, el Aire, el Fuego, el Éter. La parte terrestre, vista en otra clave, sería nuestro cuerpo físico; la parte de Agua nuestro mundo emotivo; la parte de Aire nuestro mundo de energías, consideradas como energías físicas y como soplos vitales. El Fuego está conectado con el mundo de la mente por la posibilidad que ésta tiene de iluminar cuando está bien dirigida, por su posibilidad de "quemar" (en el sentido positivo del significado, o sea de quemar también parte de la propia vida), por su posibilidad de encender también otras lámparas. En efecto, la sabiduría casi siempre se relacionará con el Fuego, concebido entonces no sólo como fuego físico, sino también como una naturaleza más elevada de la cual el sabio trata de hacer partícipes a todos. Este Fuego no se extingue nunca, ni si pierde, sino que se alimenta constantemente. De aquí la idea de que el Fuego, como elemento, es uno de los más importantes, el cuarto de esta jerarquía. Pero el Éter, el *Aether*, el Padre Aether, como lo llamaban los griegos, es una síntesis de todos. Es comparable a nuestro concepto de Espíritu Primordial; los alquimistas lo llamaban también "Anima Mundi", como aquello que reúne en sí, contiene y comprende las vidas de todos los elementos.

En cada uno de los elementos hay un sonido de base y una cantidad de sonidos secundarios. Cada una de las vocales está en relación con uno de ellos, y las vibraciones de las vocales de alguna manera nos ponen en contacto con ellos. En cuanto a la transmisión del sonido, no es que tenga mucha relación con el aire en sí, con el elemento aire como lo concebimos nosotros, sino que está relacionada con lo que los antiguos concebían como elemento Aire, Se dice que hay una parte de la transmisión del sonido físico que se produce mediante el aire, que se transmite justamente en el aire, y que puede ser percibido porque es el aire quien lo transmite. Pero éste es sólo un aspecto de una ley más compleja: mientras estoy hablando, a pocos metros de acá no oyen nada de lo que estoy diciendo, porque hay un límite en la transmisión del sonido en el aire. Pero el sonido y sus características no se agotan en el aspecto físico, el más cercano al aspecto físico, en la jerarquía, es el denominado sonido etérico.

Antes hice una pequeña introducción sobre los elementos para no confundir los términos Éter (como quinto elemento) y etérico. El factor etérico ya casi ha entrado en el reino de la ciencia, que de alguna manera se está ocupando del aspecto etérico de las cosas. Por ejemplo, la fotografía se ha desarrollado bastante en este sentido, porque logra mostrar qué cosa rodea la forma de una determinada planta; incluso hubo quien logró fotografiar parte de ese vehículo etérico que conforma la parte física de las manos. El vehículo etérico, en definitiva, conforma a todas las cosas, es anterior a la forma física, y también es posterior a ella. Se ha comprobado científicamente que, no existiendo más la hoja o la flor, persiste durante un cierto tiempo su aura, pero un aura que es sólo etérica. El aura es algo mucho más amplio que la simple parte etérica, algo mucho más vasto; el aura toma en consideración otros vehículos, otras partes que tienen proporciones diferentes y que podrían ser visibles en una extensa gama de colores.

"¿Has dicho que el primer elemento, la Tierra, está conectado al cuerpo físico?".

Si, pero digamos que se trata de grados físicos con diferente densidad material. Estos cuatro elementos, de la Tierra al Fuego, se consideran como constituidos por diferentes tipos de materia. Esos elementos son siempre materiales.

"¿En el ámbito de cada uno se perciben estados diferentes? El elemento Agua, por ejemplo ¿es todo agua o comprende también algo más denso?".

De lo más denso a lo más sutil. Hay gradaciones, que generalmente se consideran septenarias. En otras palabras, hay siete gradaciones en cada elemento.

"¿Todo esto forma parte del universo vivo?".

La Tierra – el elemento Tierra – no está muerta. En este elemento hay una continua transformación de su parte más grosera, más densa. Cada elemento tiene al menos siete gradaciones en su interior, no separadas una de la otra sino interpenetradas.

"¿Por qué siete?".

Es muy común que se vea como septenaria cualquier forma de percepción, se trate del color, del sonido o de cualquier otro aspecto de la Naturaleza, pero principalmente se lo constata en el color y en el sonido. Que son siete las variaciones se ha experimentado también científicamente. El porqué es simplemente una cuestión de evidencia; nunca se presentó el caso de una división en seis o cinco gradaciones; esta es una ley que ha existido siempre. Pero lo interesante es que la división en siete no es netamente llamativa porque este número se considera descomponible en tres y en cuatro; o sea, una unidad se divide en tres factores primarios y cuatro secundarios.

El porqué de que sean siete los sonidos es un misterio que se puede comprender hasta un cierto punto. Se trata en realidad de un único sonido que se divide en siete posibilidades; y entre un sonido y el otro se puede insertar una cantidad de intervalos, tal como existen infinitos matices entre un color y otro. Por lo tanto no hay una división neta.

"La división en tres o cuatro es real, lo puedo comprobar porque los colores primarios son tres".

Cierto, pero con lo sonidos es más complicado decir cuáles son los primarios y cuáles los secundarios. En todo caso, primero está la manifestación primaria de un único elemento, de cuya descomposición derivan los cuatro aspectos secundarios. O sea: del cuatro al tres al uno. El hecho que deba manifestarse en siete y no en nueve o doce evidentemente es parte de una ley, aplicable en cada campo, sin excepciones. Cuando antiguamente se hablaba sólo de cinco elementos, no se hacía más que reducir de siete a cinco. No es que los antiguos no conocieran la división septenaria de cada cosa, sino que usaban cinco elementos en vez de siete (sintetizando los otros dos, incorporándolos en el resto) por motivos más que nada prácticos. Por otra parte esta división es sólo relativa, no es una división en estratos, ya que se trata en realidad de una esfera donde existen siete posibilidades que se penetran recíprocamente. Sabemos que en cada sonido se encuentra toda la gama de la escala musical, como también, de alguna manera, cada color está formado por todos los otros colores. En sí, cada color por separado nunca es puro; igualmente en el sonido hay un sonido musical y los armónicos de este sonido, que están formados por todos los sonidos de la escala. Estos armónicos son innumerables, pero están todos contenidos en uno; cada uno los contiene a todos, aunque predomina uno. Una nota de la gama no se da secamente; el DO, por ejemplo, no es un DO seco, es DO porque está el predominio de una vibración que da el DO, pero este contiene a todos los demás sonidos, toda la escala en sí.

"¿Es posible experimentarlo físicamente?"

Sí, precisamente gracias a la ley de los armónicos. De esta ley emana el contenido de un sonido y de todos los sonidos. Cuando más rico en armónicos es un sonido, más se lo puede percibir. Por ejemplo, en el sonido de un violín podemos perfectamente percibir, si prestamos atención, los armónicos de un único sonido que le dan una riqueza en un cierto sentido sonora. Esto significa que un sonido no está formado sólo de lo que nosotros indicamos – RE, MI, FA – sino que cada uno está formado de todos, con el predominio particular de un aspecto de estas vibraciones.

En cambio, en la composición de cada color está como base la luz blanca, la luz en sí misma, que no tiene ningún color. Todos los colores son diferentes gradaciones de la luz blanca, son diferentes dosis que hacen aparecer la imagen del color. Sería como decir que un color más intenso contiene dosis más intensas de luz. Es necesario considerar que el color actúa fundamentalmente en el espacio, mientras que el sonido actúa más que nada en el tiempo. Entonces, cuando se habla de los armónicos del color se los debe visualizar en el espacio, porque se transmiten en el espacio. También el sonido se transmite en el espacio pero permanece en el tiempo. Los armónicos del sonido se manifiestan en el tiempo, en la duración, mientras que los colores se manifiestan en una forma – cualquier forma – espacial. Los armónicos del color son diferentes dosis de luz blanca, los del sonido son diferentes dosis de un sonido, también llamado blanco. Los físicos lo llaman blanco, los antiguos lo llamaban "sonido insonoro", o sea sonido sin sonido. ¿Qué sucede entonces cuando estamos en silencio? ¿Tenemos ausencia de sonido o presencia simultánea de todos los sonidos?

"¿Esta es la diferencia que existe entre un *mantra* audible y uno inaudible?".

También. Sólo que el segundo, como cualquier otro sonido no audible, es el que no se pronuncia externamente. Podemos incluso recrear toda una conversación sin pronunciar una palabra, podemos recrear una voz o un sonido cualquiera en nuestro interior sin que haya necesidad de pronunciarlo. Esto forma parte de un proceso inaudible que cada vez alcanza cumbres más elevadas, y que nos introduce ya en la idea de la transmisión etérica. Por este motivo las ondas denominadas "etéricas" forman parte del sonido. De allí deriva la telepatía, cuyas diferentes formas no son sino diferentes formas del sonido transmitidas con otros circuitos.

"¿Cuál es el medio para poder transmitir un sonido inaudible?".

Hay diversas posibilidades, pero la primera es simplemente percibirlo de forma inaudible en nosotros. Pero antes debemos tratar de recrearlo. En otros términos, podemos estar en absoluto silencio y al mismo tiempo emitir un sonido. En el momento de una emisión semejante estamos comenzando a participar de otra naturaleza del sonido. Tratemos de experimentarlo con la vocal "A", por ejemplo. Emitámosla primero audiblemente.

(Coro de "A").

Ahora debemos recordar que después de haberla emitido audiblemente debemos seguir pronunciándola internamente, cantándola adentro, de forma inaudible para los sentidos externos. Por lo tanto, después de haberla cantado y recreado internamente, se debe mantener adentro con la misma vibración.

(Coro de "A". Cada uno trata de recrearla internamente).

¿Ha sido posible percibir algo? Termino de pronunciarla y la emito internamente. Para mayor claridad hagamos un ejemplo muy simple: cuando leemos en silencio, podemos escuchar también nuestra voz. ¿Nunca les sucedió?

Es bastante comprensible que todo esto pueda resultar un poco complicado, pero es el principio lo que trato de hacer entender. De este modo se penetra en el sonido sutil, que asimismo es sonido, para que podamos percibirlo internamente como tal. No por nada algunas plegarias se hacen no sólo en voz baja, sino sobre todo internamente, sin pronunciarlas. Esto no significa sólo estar en silencio, sino también transmitir por otra vía algo que es parte de nosotros. Para comprenderlo mejor, primero es necesario concebir qué es este sonido dentro de nosotros.

"¿La vibración producida por el sonido inaudible debería ser la misma que se percibe luego de la emisión de un sonido audible?"

No, no puedes percibir la misma vibración que sentías físicamente.

"Pero entonces no puedo recrearla sin pronunciarla".

Sí, puedes recrearla, pero está vibrando en otro plano. No puedes sentir inaudiblemente la misma vibración que el corazón, el pecho u otro transmiten físicamente. Cuando se emite un sonido inaudiblemente, se entra en otro plano. Se trata esencialmente de la relación que se establece entre la persona que emite un sonido y la luz. Se trata de captar de dónde se emite el sonido, en qué parte de nuestro cuerpo se lo pronuncia. Imaginemos que nuestra cabeza es una esfera y que el sonido se emite desde su centro. La idea, justamente, es que la pronunciación se hace desde el centro de la esfera de la cabeza, desde un punto ubicado aproximadamente detrás de la laringe. La emisión entonces no proviene de la laringe: ésta ya no está en juego porque las cuerdas vocales no tienen nada que ver con un sonido inaudible.

Como sea, cuando se pronuncia, audiblemente o no, la emisión pone en movimiento todas las fuerzas, que van de la punta de los pies a la cabeza atravesando todos los centros. La única diferencia es que con el sonido inaudible se entra en contacto con energías algo más sutiles. Con este proceso nos estamos internando en el terreno de lo etérico.

Veamos un ejemplo, muy importante, de este tipo de percepción. Sabemos bien que Beethoven ensordeció gradualmente, que debía morder un trozo de madera para poder oír algo. Aún existen las famosas cornetas y los trozos de madera que tenía a su lado cuando deseaba escuchar los sonidos, mientras componía. Sin embargo, llegado a un cierto punto no pudo utilizar ningún instrumento porque tenía una sordera total. ¿Cómo se producía entonces el proceso de audición de Beethoven? ¿Ya no oía, o había en él una audición absoluta, mucho más elevada que cualquier audición física? Seguramente lo que el artista lograba escuchar iba mucho más allá de lo que hubiera podido oír en el plano físico. Su sordera se convirtió casi en un motivo genial, casi una ayuda, aunque partiendo de un sacrificio.

Pero volvamos al punto de emisión del sonido inaudible. No se trata sólo de un punto imaginario; se puede tener una leve percepción física emitiendo la consonante "M". Probemos, tratando de emitirla naturalmente, sola.

(Coro de "M").

¿Lo sintieron? Hay un punto en el que se advierte una cierta sensación, casi un prurito, como si estuviera un poco estimulado con la "M". De ese punto preciso parte la emisión, digamos, inaudible, que atraviesa muchas partes del organismo porque tiene una gama de radiaciones muy fuerte. En algunas prácticas de tipo vocal, además de emitirlo, con este sonido se hacen verdaderas escalas. Muchos compositores, por ejemplo Puccini, utilizaron tal efecto introduciendo en algunas de sus obras coros de "M" con sonidos diferentes. Tratemos de probar sonidos de diferente altura con la "M".

(Coro de "M").

"Maya, María... ¿tiene que ver con la Tierra, la 'M'?".
Sí, y con el agua, fundamentalmente con el agua. Ahora tratemos de partir de un hipotético DO, tratando de hacer, con la "M", toda la escala musical.

(Coro de "M" en escala).

¿Qué notan en este tipo de emisión?

'No es sólo una "M"'.

"A mí me dio una sensación de expansión. La percibía desde el fondo, pero muy amplia, más amplia que la 'A'".

¿La repetimos?

(Coro de "M" en escala).

¿Qué sienten respecto a la respiración? Esto es importante. ¿De dónde surge la respiración?

"De la zona del cerebro".

"Con cada desplazamiento de escala percibía también colores diferentes, me parecía que surgían de un punto ubicado detrás de los globos oculares, que el estímulo estaba en los nervios ópticos".

De todos modos, ésta es la única consonante que se puede entonar. Por ejemplo, no se puede hacerlo con la "T", por lo menos sola, o con la "S". En la "M" hay vibración pura. En ese momento cada movimiento del pensamiento se detiene. Pero emitirla no sirve para no pensar más sino para poner orden el pensamiento. De hecho la "M" – no sé si esto lo sienten, aunque sea en mínima parte – bloquea el pensamiento, sí, pero al mismo tiempo abre un poco la mente.

"Pero mientras hacíamos la "M" en escala, pensábamos en hacerlo, y entonces pensábamos".

Se piensa sólo a eso. Por ejemplo, consideremos un instante la naturaleza del sonido en el sueño. ¿De qué naturaleza es el sonido que creemos escuchar en el sueño? Hemos hablado, escuchado un ruido... ¿qué sentimos? ¿Cómo se produce el sonido en el sueño? Es perfectamente existente en su plano, pero no es audible. Cuando soñamos y sentimos palabras o música, ¿dónde está el aire? Mientras se pueden tener sensaciones físicas, se pueden incluso percibir los perfumes, el sonido, que necesita aire ¿dónde se está difundiendo?

"¿Como cuando se oyen palabras, aunque no nos han sido transmitidas?".

Son transmitidas pero no a través del aire. Entonces se trata de una vía interna.

"¿Pero entonces el pensamiento viaja en lo etérico o en lo mental? Si el pensamiento está hecho de palabras, hay una transmisión sin que haya aire".

Para no crear confusión digamos que viaja también en lo etérico, aunque la cuestión no es tan lineal. Es cierto que viaja a velocidades enormes, sin encontrar ningún tipo de obstáculo, temporal o espacial, tal como en el sueño. Se pasa de una cosa a la otra en un instante, no se deben superar las dificultades que encontramos en el plano físico. Evidentemente hay una vía de comunicación, algo que sucede internamente para que todo se pueda recordar. Se recrea una situación ¿pero cómo se recrea? Hay un punto de conexión entre la idea del sonido inaudible y el mundo del sueño, donde hay una cantidad de emisiones que no se oyen en el plano físico, pero que de todos modos se viven.

"¿Provienen del mismo punto?".

Sí, y se concentran también en el mismo punto. Sobre todo cuando tenemos sueños más vívidos, lineales, cuando captamos la particular claridad de algunas cosas, no conocidas o no percibidas por nosotros en el plano físico. Podemos preguntarnos cómo surgen estas experiencias, de dónde surgen, de dónde se captan. Pienso que cada uno de nosotros ha tenido alguna experiencia de sueños especialmente vívidos, incluso algunos los consideramos bastante importantes para nuestra vida. ¿Dónde y cómo suceden? ¿En qué plano? ¿Y cómo se manifiesta allí el sonido? La misma pregunta se puede formular para las imágenes, las formas, los colores, pero mientras estos ocurren en un espacio que también puede ser imaginario, el sonido, que según los criterios comunes necesita aire para transmitirse, es percibido como sonido aunque en ese plano el aire no existe. Entonces hay una relación entre el sonido que tratamos de practicar y el del mundo del sueño. Este sonido se siente claramente, aunque es inaudible. Incluso se repite, porque internamente cualquier cosa se puede repetir; es más, siempre sucede que un cierto sonido se oye internamente, después de haber meditado o reflexionado sobre una cosa, porque esa cosa se cubre de sonido, de palabra. Luego se pronuncia la palabra hacia lo externo.

Veamos cómo se produce esta emisión externa y qué se emite, porque no todo puede ser expresado. En primer lugar se atraviesa muy velozmente un momento de reflexión, con tiempos mucho más rápidos que los utilizados luego al hablar. Si tuviéramos que hablar con la misma velocidad con que pensamos, nuestra expresión sería mucho más veloz que la de los pájaros, mientras que hay una gran diferencia de tiempo. Por ejemplo, lo que estoy tratando de comunicarles ya se encuentra en mi pensamiento en forma sintética. Si pudiera hablar de modo tal de poder expresar esta sintetización, debería decir una serie de cosas a una velocidad mucho mayor. La velocidad disminuye mucho porque del pensamiento se llega a la respiración, luego a las cuerdas vocales, y finalmente se produce la emisión de la palabra, que sin embargo conserva un cierto contenido del pensamiento sintético. En este proceso el pensamiento, para poder ser comunicado, desciende paulatinamente a planos más bajos, por ende hay una disminución de la velocidad. Tal proceso se produce, de todos modos, de lo inaudible a lo audible y viceversa. Basta que nos detengamos un momento a considerar cómo se produce este mecanismo.

"Entonces son diferentes franjas de frecuencia".

Si las queremos llamar así. Pero digamos mejor que son velocidades de la conciencia que en verdad no pueden ser medidas. Se trata de variaciones increíbles de conciencia. Todos los que sostienen que hay formas de vida también en otros planetas, afirman, entre otras cosas, que nosotros nos movemos sólo en una parte del espacio y del tiempo, entonces lo que percibimos, y también nuestro ritmo al hablar, sería de una lentitud increíble para un ser mucho más evolucionado. Entonces en otro plano de velocidad temporal, lo que a nosotros nos demanda un cierto tiempo para expresarlo probablemente podría ser expresado en un instante, por lo cual es como si nos expresáramos en cámara lenta. Es interesante notar que al mismo tiempo podemos parecer muy veloces con respecto a ciertas formas de vida, y muy lentos con respecto a otras, incluso más pequeñas. Por ejemplo un microbio, si piensa, nos considerará divinidades atemporales, porque cumple todo su ciclo vital en el espacio en un momento, en una jornada, atravesando las mismas fases que atravesamos nosotros. No por esto el microbio es más rápido que nosotros: somos nosotros que podemos parecerle eternos.

Cada uno de los seres vivos tiene velocidades diferentes, acá está el punto crucial de la cuestión del espacio y del tiempo. Pero puede haber velocidades más elevadas, niveles más profundos incluso dentro de nosotros, incluso dentro del espacio específicamente humano.

(Sigue la escucha de la Tercera Sinfonía de Mahler).

El Sonido, la Palabra, las Formas

Veamos ahora qué podemos extraer de algunas frases que leeremos.

"El sonido es verdaderamente poderoso sólo cuando el discípulo ha aprendido a subordinar los sonidos menores. Sólo cuando los sonidos que emite normalmente en los tres mundos estén reducidos en volumen, actividad y cantidad será posible oír el Sonido y producir el efecto deseado. Sólo cuando el número de las palabras normalmente dichas se haya reducido y se haya aprendido la práctica del Silencio podrá la "Palabra" ejercer su poder en el plano físico. Sólo cuando callen las muchas voces de la naturaleza inferior y del propio ambiente podrá hacer sensible su presencia la "Voz que habla en el Silencio"... Son muy pocos los hombres que sabrán darse cuenta de la potencia de la palabra, y sin embargo se dijo: "En el principio existía la Palabra... y la palabra era Dios... Sin ella no se hizo nada de cuanto existe" (San Juan).

La lectura de este paso lleva nuestra mente al alba del proceso creativo, porque por medio del Sonido Dios habló y se crearon los mundos. Se ha dicho que "el medio principal que mueve la rueda de la Naturaleza hacia la vida fenoménica es el sonido", porque el sonido original, o la Palabra, pone en vibración la materia de la que se han hecho todas las formas, e inicia la actividad que caracteriza también al átomo de la sustancia. La literatura y las Sagradas Escrituras de todos los pueblos antiguos y de todas las grandes religiones testimonian la eficacia del sonido para producir todo lo que es tangible y visible. En su pintoresco lenguaje los hindúes así se expresan: "El Gran Creador construye los mundos, y el Universo es Su canto". Es otra forma de expresar la misma idea.

Si nos damos cuenta de todo y captamos, aunque sea en parte, la ciencia de este concepto, comprenderemos el valor de nuestras palabras y la emisión del sonido en el discurso nos parecerá un hecho importantísimo. El sonido, el lenguaje fueron considerados por los antiguos filósofos, y aún más por los pensadores actuales, los más altos agentes utilizados por el ser humano para plasmarse a sí mismo y al propio ambiente. El pensamiento, la palabra y la acción resultante en el plano físico constituyen la triplicidad que hace a un ser humano como es y lo coloca donde está. El objetivo de la palabra es revestir el pensamiento para comunicarlo a los demás. Cuando hablamos evocamos un pensamiento, lo hacemos presente y transformamos lo que está oculto dentro de nosotros en expresión sensible al oído.

La Palabra revela, la palabra recta crea formas benéficas, mientras que la palabra equivocada produce formas nocivas y maléficas. Si no nos damos cuenta de esto, incesantemente, irresponsablemente, día tras día, seguiremos hablando, usando palabras, multiplicando sonidos, rodeándonos de una multiplicidad de formas de nuestra propia creación.

Ya es tiempo de comprender toda la importancia de reflexionar antes de hablar, recordando el mandamiento que dice: "Antes de ser digno de hablar, debes alcanzar el Conocimiento". Es necesario primero pensar, luego elegir las palabras apropiadas para expresar pensamientos justos, tratando de usar la pronunciación correcta, de dar el valor conveniente y la tonalidad apropiada a cada palabra que sale de nuestros labios. Entonces nuestra palabra hablada creará una forma-pensamiento digna de incorporar "la idea" que tenemos en la mente. Nuestra palabra ya no será portadora de discordia y turbación, sino que ayudará a reforzar la gran nota armonizadora que la humanidad tiene la tarea de hacer resonar definitivamente. Las palabras equivocadas son separativas: es interesante tener bien en la mente que la palabra, símbolo de unidad, es divina, mientras que el lenguaje, con sus múltiples diferenciaciones, es humano.

Nos detenemos acá. ¿Qué podemos extraer de esta enseñanza? Más que nada, algo a comprobar. ¿O qué cosa podemos aclarar?

"A mí me impresionó la frase que decía que cada sonido tiene su forma. Entonces, cuando hablamos al tuntún creamos formas que son dañinas. Esto me impresiona un poco por el uso que hacemos de la palabra cuando no reflexionamos. Pero soy también un poco incrédulo con respecto a esta forma que se emite, me parece imposible que pueda suceder".

"La comprobación es el examen de conciencia que hubiera debido hacer todos los días, todos los años. El problema es justamente poder comunicar un poco en silencio, o con una palabra menos. Esto debería ser espontáneo. Pero es fácil que la palabra se malinterprete, podemos no saber usar la palabra justa, pero nuestras intenciones son buenas. También la agudeza puede golpear, puede herir y es bueno darse cuenta de esto".

"Como experiencia personal, por ejemplo, me han provocado mucho más sentimiento actitudes y silencios que palabras que eran bastante formales. Palabras dichas incluso por mí, o escuchadas por mí, no tenían en sí nada más que sonido, pero creo que una cierta actitud interior elimina casi totalmente la palabra, porque se produce una "empatía", una "simpatía", que va más allá del comunicar con el lenguaje".

Ya se ha comprobado científicamente que cada vibración sonora, no necesariamente armónica - ya sea sílaba, palabra o ruido – crea formas diferentes sobre la sustancia. También el fragor de los motores de las motos, emitido a propósito como símbolo de potencia pero que fácilmente se podría evitar, produce el mismo efecto. Creo que cuando se conozca la película realizada sobre estas experiencias hará reflexionar bastante, porque allí es visible cómo cada sonido emitido crea alguna forma. Más aún la palabra, que tiene contenidos mentales, emotivos, o puede no tener ningún contenido, pero que jamás es sólo vibración auditiva. Un ruido, en sí, es menos nocivo, mucho menos nocivo que una palabra emitida, así como una palabra pronunciada puede ser mucho más beneficiosa que cualquier otro sonido de un cierto tipo. Lo mismo se puede decir de un sonido musical, ya que podría ser mucho más benéfico de lo que se cree.

Hay una increíble cantidad de formas emitidas por los sonidos, sobre todo figuras geométricas, y esto ha sido corroborado. Por ejemplo, desde hace milenios los hindúes, y no sólo ellos, poseen unos diagramas llamados *yantra*. Un *yantra* es una forma, en este caso eminentemente geométrica, sobre la cual está constituido cada cuerpo. En otros términos, la base de cada cuerpo, de cada figura natural, de cada flor, de cada estrella, de cada cosa, se reduce esencialmente a una figura geométrica, alrededor de la cual se constituyen las formas. Vemos así que toda la escultura antigua se puede reducir a un esquema geométrico sobre el que se construyen las partes principales, en una determinada relación proporcional. Las estatuas de Buddha, por ejemplo, están construidas según una determinada relación: el cuerpo está construido con un tamaño seis veces mayor que el natural, mientras que la cabeza es sólo una vez más grande; con lo que todo suma siete. Vemos entonces que hay un canon de proporciones bien precisas que dan una impresión formal, pero con una forma geométrica subyacente. Lo que nosotros percibimos es la esencia de esa forma geométrica.

Hemos dicho que en India la base geométrica que subyace en la forma se llama *yantra*. Por ejemplo, un triángulo es un *yantra*, flores y pétalos dispuestos de un cierto modo para un cierto tipo de ritual forman un *yantra*, también figuras que se realizan con un cierto tipo de tiza de colores son *yantras;* la doble estrella es un *yantra*, la cruz es un *yantra*, conjuntos de figuras geométricas bien claras son *yantras*. Todas estas formas se consideran esencias, no figuras de por sí. Una forma que se construye se considera la esencia de algo vivo, representa un ser, la naturaleza de un ser, su núcleo. Por ejemplo, las construcciones de los templos de las más diversas arquitecturas, están hechas sobre la base de los *yantras*; y también en Europa se seguía el mismo concepto: la forma de cruz, la forma latina, otras formas circulares, son todas *yantras*, que están identificando una esencia. Para la India antigua el *yantra* es muy importante, fundamental; tan importante que, como se descubrió ya hace mucho tiempo, está vinculado al *mantra*. O sea *mantra* y *yantra* (sonido-palabra; sonido-letras; sonido-vibración) son una misma cosa, una audible y otra visible. Por lo tanto, si medito sobre un *yantra*, al mismo tiempo estoy escuchando el *mantra* que está implícito; viceversa, si emito un *mantra*, estoy creando un *yantra*.

Este hecho, que por milenios ha sido sostenido por los adivinos, por los *rishis*, por los *yogi*, fue confirmado hace pocos años por un experimento concerniente a uno de los principales *yantras* llamado *sri yantra*, o el "señor de los *yantras*", el *yantra* principal, que está formado por una cantidad de triángulos, uno dentro del otro, que crean una sensación de espacio infinito. Este *yantra* está vinculado directamente a la famosa sílaba OM, por eso se lo considera el más elevado de los *yantras*. De hecho OM es considerada la sílaba principal, la sílaba esencial, o el sonido de todas las cosas, el sonido del universo, el sonido que permea todo, la base de nuestro hablar. El OM está compuesto por la "A", la "U" y la "M". En el OM se concentran todas las posibilidades de emisión de la palabra; esta emisión parte de la "A", pasa por la "U" y finalmente llega a la "M", resonando cada vez por cavidades más profundas, desde lo más externo y expansivo a lo que está más profundo. Entre la "A" y la "M" están todos los lenguajes, todas las posibilidades de emisión del lenguaje. Por eso se considera tan importante esta sílaba.

Hace algunos años, un grupo de investigadores hace la prueba de emitir el OM con materiales vibrantes, y surge el *Sri Yantra*, perfecto en las formas. Cuando se deja de emitir el OM desaparece el *sri yantra*, apenas se vuelve a emitir, el mismo *yantra*, perfecto, se recrea con la voz, se recrea mediante esos materiales, siempre en relación con la vibración. Lógicamente también hay relaciones de volumen, de intensidad, de donde se ve cómo se mantiene la forma, si no se mantiene, cuáles son las condiciones necesarias para obtener ese resultado. Hemos dicho que cada uno de los efectos está ligado al tipo de vibración, así como cada uno de nosotros está mantenido por una vibración que es constante. Si no fuera así, nuestro cuerpo estaría disperso por todos lados; lo que mantiene unidos sus componentes es un principio de cohesión. Entonces, cuanto más se mantiene este *mantra*, tan más perdura esta forma; no sólo la figura en su apariencia exterior, sino la esencia de aquello que está manifestando, la gran cantidad de energías que está distribuyendo. Todo vibra de acuerdo con este sonido primordial.

Hasta ahora nos hemos ocupado de la experiencia realizada con la palabra, pero lo mismo se puede comprobar con las otras vibraciones, con músicas, y vemos que surgen formas realmente increíbles: desde todas las formas geométricas con sus evoluciones, a conjuntos de figuras geométricas, a organismos tipo huevo, esfera, árbol, Pero siempre debe haber una relación precisa entre la frecuencia, la intensidad y los materiales. De todos modos, experiencias de este tipo nos inducen a reconocer que el ser humano debe tener en su interior un microcosmos y que influye sobre determinados materiales gracias a una cierta vibración que él mismo emite. Es muy interesante ver cómo ya en la antigüedad se había captado el hecho de que cada sonido reúne a su alrededor un cierto tipo de material y hace vibrar algunos, no todos. Tratemos de imaginar los inmensos sonidos, los enormes sonidos que deben vibrar para reunir en un todo unido, por ejemplo, un árbol, una montaña, y no hablemos de lo que sucede a niveles planetarios, del sistema solar, de las galaxias.

Sin duda acá se trata de potencias que escapan a la imaginación. El experimento del que hemos hablado se ha realizado con un aparato muy simple, que permite que se creen formas de acuerdo con el tipo de vibración transmitida; con micrófonos, con grabaciones, con diferentes materiales – por ejemplo arena – se pueden crear formas muy diferentes, incluso artísticas. Esta experiencia ya se ha hecho hace un cierto tiempo. Poco tolerada por la ciencia oficial, aunque perfectamente científica (lamentablemente, no siempre la ciencia se comporta como ciencia), ha sido realizada por un matemático-físico suizo. Éste ha dedicado toda su obra a la memoria de Rudolf Steiner (siendo, como matemático y físico, un steineriano) y ha encaminado una investigación que por cierto no ha terminado, y que ha sentado las bases para probar que el sonido crea las formas. Las relaciones a establecer entre nuestras palabras y las formas son un discurso aparte, pero en tanto sabemos con certeza que tales relaciones existen, que también nosotros estamos interviniendo continuamente sobre otros tipos de materia, modificándola. Si esto que modificamos es nocivo o benéfico, bueno o malo, es una cosa totalmente diferente que deberá ser investigada, pero el principio ha sido demostrado.

"¿Quién es este matemático?".

Murió hace muchos años; se llamaba Hans Jenny. Hay un grupo de científicos que continúa su investigación. Él la había propuesto haciendo referencia a lo que ya habían dicho los Griegos y todos los antiguos sobre la relación que se establece entre vibración y movimiento. El principio de la investigación es el estudio de todas las vibraciones, de los efectos de una vibración y de cómo actúa. La parte más impactante de las investigaciones son las imágenes visuales que se forman con las vibraciones; éste es el hecho más convincente, después del cual no hacen falta muchas explicaciones: es suficiente la observación.

Muchos experimentos de este tipo ya habían sido realizados. Fue Chladni quien lo experimentó con el violín y con otros instrumentos musicales. Él había observado que con materiales como limadura de hierro o arena se formaban figuras geométricas apenas se emitía una vibración con sonidos entonados. Todo esto sucedía cuando no existía absolutamente ningún instrumento apto para la investigación, como los generadores de oscilaciones, o algo que emitiera la vibración. No existía el material que hoy podría estar a disposición, pero existía el criterio, la idea: sólo había que probarla, de alguna manera. También la física comienza a admitirlo. Lo mismo que sucede en campo físico sucede también en el campo musicológico, siguiendo naturalmente otras velocidades, otros criterios.

Cuando en los aforismos sobre el *yoga* se habla de la no violencia (y nosotros decimos que la no violencia es el pacifismo o algo similar) se expresa en términos muy simples un concepto que incluye una triplicidad: pensamiento, palabra, acción. No basta la inocuidad de la palabra; no basta la inocuidad del pensamiento o de una sola acción, sino que debe estar en las tres. En otros términos, si se piensa en una cosa y no se dice o no se hace, la sustancia no cambia; en verdad, a ese pensamiento sólo le faltaba ser emitido y luego traducido en acción. Pero hay poca diferencia, según criterios más profundos, entre la formulación de un pensamiento y la acción que depende de él. Jurídicamente no es lo mismo, sin duda, porque podemos pensar en matar a una cantidad de personas, pero mientras no exista el hecho no existe el delito. En cambio puede suceder, como a menudo sucede, que quien asesina no lo ha pensado previamente y en consecuencia es más lógico considerarlo menos responsable que quien ha actuado premeditadamente. También los antiguos Griegos consideraban más grave el homicidio premeditado.

Comoquiera que sea, tenemos pensamiento, palabra y acción en un todo coordinado. Se piensa en una determinada cosa (el pensamiento acá está concebido no sólo como mente, como intelecto, sino sobre todo en sentido profundo), que es revestida por la palabra (ese determinado pensamiento, mientras queda en el mundo abstracto, todavía no tiene una forma; con la palabra se reviste de forma, cualquiera sea ésta), y realizada mediante la acción física. Se ve entonces que hay una estrecha conexión entre estos tres aspectos de una única cosa. Se supone por lo tanto que cuando algo se ha realizado, antes hubo una palabra que lo ha generado, y sobre todo un pensamiento: los tres coherentes. Éste es uno de los primeros preceptos del *yoga* de Patanjali. El término sánscrito para definir esta triplicidad coherente es *ahimsa*, que significa exactamente "no violencia". Cuando Gandhi usaba la palabra *ahimsa* expresaba sin embargo algo distinto de lo que nosotros entendemos por "no violencia", algo que podríamos reflejar más exactamente con "inocuidad". Se trata de una especie de pureza del pensamiento, palabra o acción; se podría definir como recto (o justo) pensamiento, recta palabra, recta acción. El término sánscrito, como se ve, tiene varias traducciones, pero la idea que está en su base es la que expusimos arriba. Una consideración ulterior es que la palabra, sin la acción, puede tener el mismo valor; no es obligatorio que esta última siga a la primera.

"De hecho, se puede no actuar ¿pero cómo se hace para no pensar?".

No se trata de no pensar, sino de comenzar a pensar. Los pensamientos deberían brotar, no venir a grabarse en una placa pasiva. En realidad nosotros somos constantemente receptivos a los pensamientos-forma que existen en un determinado lugar, lo queramos o no, pero esto no significa que debemos ser sus víctimas. Las atmósferas de un determinado lugar no están formadas sólo por lo que hay alrededor, están formadas por quien vive en el lugar, por cómo vive, por lo que dice, lo que piensa, lo que emana, los aromas; en esencia, por un conjunto que es la vida, nuestra vida, que crea una determinada atmósfera: que sea positiva o negativa no tiene importancia en el discurso. En algunos casos podemos estar totalmente involucrados a nuestro pesar, aunque nuestra participación no sea activa; en cambio es importante estar involucrados, pero debemos ser nosotros quienes lo deseemos. Alguien dijo que desde el invento de la imprenta su influencia hizo muy difícil "pensar"; es más fácil "ser pensados" ¡y lo somos muy a menudo! La palabra escrita crea una implicación que va más allá de nuestra participación activa. Para decirlo de otra manera, las opiniones, en vez de ser generadas por nosotros, a menudo se aceptan pasivamente, sin una comprobación, incluso si no estamos de acuerdo, porque las expresa una persona que consideramos más experta que nosotros. También la moda, para imponerse, se basa sobre esta tendencia de la naturaleza humana.

"Hay una humanidad "empaquetada", en resumen".

También, Pero ¡ojalá el problema fuera sólo por un vestido! Va mucho más allá, y no subsistiría si fuéramos activos frente a cada información que recibimos. Es peligroso aceptar todo pasivamente. No todo es negativo o positivo, pero para comprenderlo primero se debe discriminar entre nuestra actividad y nuestra pasividad. ¿Dónde está la diferencia entre estas dos actitudes?

"En el pensamiento".

Efectivamente. Pero acá surge una cuestión fundamental sobre el uso que hacemos del pensamiento, que debería tener un rol más específicamente humano. En verdad hemos desarrollado mucho el intelecto, pero no demasiado la actividad del pensamiento; son cosas diferentes. Normalmente, el pensamiento puro proviene de la meditación, no entendida como técnica sino precisamente como estado meditativo. En este estado nace un pensamiento amplio, que no está generado sólo por la mente.

Ésta en realidad lo recibe, no lo crea, como bien se comprende si se investiga en profundidad su proveniencia.

"Entonces es emitido por la palabra con una vibración diferente".

La palabra sólo debe adaptarse al pensamiento, porque no es más que un vehículo.

"¿La palabra puede entonces sobrepasar al cuerpo físico y llegar al cuerpo astral?".

Tratemos de aclarar mejor este proceso. Supongamos que hay una persona que sufre por algo que se le ha dicho. La palabra en sí, su desnuda vibración física, no es la causa del sufrimiento, ha sido sólo un vehículo que ha transportado la vibración al cuerpo astral de la persona sufriente, ha alcanzado su cuerpo emotivo. El sufrimiento, por ende, es un efecto psíquico, no físico, causado por el tipo de sonido que se emana y no por la palabra en sí. Es acá donde se pasa de lo físico a lo astral.

"Por lo tanto es importante la actitud con que nos colocamos frente a todo esto, de defensa o no".

El problema no es sólo evitar que la palabra nos haga mal, aunque sea importante. Es todo el ciclo que debería cambiar, no sirve sólo tener un escudo. Cierto, subjetivamente esa palabra puede no tocarnos, pero en una relación no se ha resuelto todo cuando uno no ha sido tocado subjetivamente.

"La relación debería cambiar".

Pero cambiar significa que ya en nuestro pensamiento se debe formar la idea de no perjudicar; esto es ser coherentes, pero muy a menudo pensamos una cosa, decimos otra y hacemos una tercera. Poner de acuerdo estos tres momentos no es muy fácil. El mismo Patanjali y otros que lo han comentado dicen que podemos verdaderamente alcanzar una cierta felicidad sólo cuando hay un flujo coherente entre uno y otro, porque en este caso no hay dualidad ni existen contradicciones. No es fácil, pero esto no significa que no sea posible.

De todos modos, a nosotros nos interesa el hecho de que en todo esto entra el sonido, es más, diría casi es un factor determinante. Comenzamos así a darnos cuenta de que las denominadas formas-pensamiento son elementos fundamentales para una relación justa. Por eso casi todos los pueblos pertenecientes a las grandes civilizaciones del pasado, que conocían muy bien estos principios, se construían espacios que se "cargaban" con las vibraciones más altas, de modo tal que quien entraba en ellos las advertía, casi automáticamente. Hay muchos sitios así, que han sido cargados con una energía muy elevada. Pueden ser lugares construidos por el hombre, lugares naturales, puede ser una casa... debería ser una casa. Estaría bien poder iniciar desde la casa, no desde el templo. No sólo los lugares, también cada objeto está cargado con una cierta energía. A menudo nos compadecemos de los antiguos porque creían en los amuletos; en realidad el hecho no es tan simple. Ellos sabían, ante todo, que la palabra tenía un poder, que llamaban encantamiento. Había encantamientos de todo tipo, que no se hacían solamente para atraer a una persona o para hacer que se enamorara, sino ante todo para ayudarla en su realización. Entonces un objeto se construía y "cargaba" – en el mejor sentido – con la palabra o, más a menudo, con un canto; quien lo llevaba hacía propia la esencia de su carga, y esto es lo que el objeto le recordaba constantemente.

Estos conocimientos, muy difundidos en el mundo antiguo, se fueron perdiendo, fundamentalmente después de la Edad Media. Es muy extraño que desde el Renacimiento tardío en adelante (al inicio se seguía a Platón, Pitágoras, a la cultura antigua) se consideren como tonterías todas estas atribuciones al sonido, al número, a las formas y en consecuencia se hayan perdido sus significados. A partir de ese momento se entra en el racionalismo, del que aún no nos hemos liberado, aunque estemos intentando varios caminos para erradicar lo más negativo que existe en él.

En cualquier caso, el problema del sonido, de sus relaciones, de su significado es terreno aún no muy explorado, todavía se le atribuye poca importancia. Recién ahora se comienza a hablar de contaminación sonora, pero sólo para proteger al oído de los ruidos excesivos. Como no son muy tangibles, aún no se da importancia a otros factores de tipo psicológico, pero se comienza a comprender que el denominado "silencio" no es sino un momento de recogimiento para que puedan circular las energías. ¡Entonces estar en silencio no significa sólo callar!

"Regresando al discurso de los pensamientos, estos deberían ser vibraciones que se transmiten en el aire y que llegan al sujeto. Yo hago una meditación, un pensamiento, y éste vibra sin necesidad de ser expresado en palabras. Pero cuando se expresa en palabras, sus vibraciones, después de haberse alejado, regresan en forma reelaborada. ¿Este proceso se puede poner en marcha de otra manera, cuando la mente está limpia, sin necesidad de un trabajo intelectual?".

Digamos que se pueden recorrer un poco todas las etapas, no es que una excluya a la otra. Cuando se tiene un momento intuitivo, para transmitir esa misma intuición se toca en alguna parte el intelecto. Se debe considerar que el intelecto no tiene nada de negativo: el uso que se hace de él es negativo, es cuando actúa solo que da lugar a comportamientos no muy coherentes, como podemos ver. La intuición, el intelecto, la emoción, el físico, forman parte de una unidad indivisible en la que cada uno de estos elementos actúa con las propias leyes de velocidad. No siempre una intuición puede estar revestida de palabras o de pensamiento, porque puede estar recubierta también por un sonido, un color. Como sea, si se desea transmitirla sin oscurecerla, se debe encontrar un vehículo apto. Por ejemplo, si deseo llegar rápido a Trento, seguramente no elegiré la bicicleta sino un vehículo más veloz. Todo depende de lo que se desee, acá es donde entra en juego la coherencia. Éste fue siempre el problema del artista, y no sólo del artista. La coherencia es una relación armónica entre lo que se llama intención y lo que luego se utiliza como material, como vehículo para su expresión. Pero aunque haya coherencia entre la intuición y uno de sus vehículos, éste jamás podrá hacer plena justicia a la primera.

"Entonces los pensamientos puede ser comunicados incluso sin ser expresados en palabras: los pensamientos buenos pueden hacer bien y los malos pueden dañar".

Exacto. Por eso se hablaba también de la relación entre pensamiento y palabra. El verdadero pensamiento, repito, no es el elemento concreto de la mente; no puede ser expresado en lenguaje porque tiene una extensión que no se puede siquiera imaginar y por esto se lo considera divino. No se puede expresar en un lenguaje idiomático porque tiene carácter de esencialidad. Para dar un ejemplo simple, si cada uno de nosotros hablara un idioma diferente, para comunicar, por ejemplo, un triángulo, cada uno lo expresaría con un lenguaje diferente, pero el pensamiento del triángulo sería común a todos, trascendiendo el lenguaje. Esta esencia del pensamiento es la comunicación de base.

¿Nos responsabiliza de alguna manera esta idea? No nos debe hacer perder la espontaneidad; al comienzo puede haber algún momento de confusión, pero luego al contrario, se adquiere espontaneidad, y nos damos cuenta de que esta es algo totalmente diferente de lo que se pone en práctica en el momento.

"Cristo dice que todo lo que se pida con la plegaria se obtendrá".

Su idea de la plegaria sin embargo es muy diferente de la repetición de una plegaria una cierta cantidad de veces. Él quiere decir una sucesión natural de pensamiento, palabra y acción.

"Por lo tanto de vibración".

Sí, fundamentalmente de vibración, de constante vibración. De hecho ciertos ejercicios que hacen en India, musulmanes y también cristianos, sirven únicamente para fijar la mente, para enfocar el pensamiento; es toda una energía que se transporta para que internamente haya una vibración constante.

"Sucede lo mismo en la danza. Las danzas estáticas, por ejemplo, se preparan con una serie incesante de repeticiones de algunos pasos que te encauzan hacia un cierto estado de ánimo".

Claro, son ejercicios válidos, que pueden servir.

Metamorfosis:
Una Experiencia de Escucha

(Se escucha la pieza musical "Metamorfosis" de Richard Strauss)

En este tipo de escucha más se ahonda y más se crea una relación con el sonido, que para cada uno es completamente diferente. Hay niveles tan diferentes de percepción que no son ni siquiera clasificables. En experiencias de este tipo no todo se lleva a la máxima expresión, porque fundamentalmente se refleja un hecho psíquico, que es diferente de una persona a otra. Se pueden crear momentos particulares para un individuo que pueden ser sólo hechos pasajeros para otro. Por ejemplo, en una sala de conciertos está quien participa de la música y quien no siente nada, aunque esté muy cerca de la orquesta.

"Hay elementos claros que pueden ayudar a comprender el tipo de experiencia que se ha tenido; durante la escucha he visto imágenes que son bastante simbólicas".

(Sigue la narración de toda la experiencia durante la cual se han visualizado, entre otras cosas, un cascanueces y un ariete).

¿Hay otras experiencias? Sin duda las habrá. Hay que tratar de comprender qué importancia tienen, dado que son todas sensaciones o percepciones que se producen bajo cualquier estímulo musical, a diferentes niveles. Sucede en grupos, en muchas ocasiones, y sin ninguna investigación o preparación previa. Entonces este estímulo se debe evaluar subjetiva y objetivamente, y en este último caso podemos escuchar de otros la descripción de una determinada experiencia, que es siempre interesante, aunque pueda parecer extraña, descabellada, con símbolos sagrados y profanos. Los símbolos son formas de manifestación de un lenguaje inconsciente, que se manifiesta como puede. Es el ejemplo del cascanueces, en este caso nos puede hacer comprender mejor el concepto. De hecho el cascanueces sirve para presionar una corteza dura. Este es sólo un ejemplo, pero hay muchas formas para expresar la misma idea, o sea la necesidad de ir al meollo, de extraer lo bueno de algo rígido que lo contiene y lo limita. Todo esto es manifestado por el inconsciente, como en un sueño, o como en un estado más o menos meditativo, en las formas que éste tiene a su alcance en un determinado momento. Lo importante es constatar que cualquiera sea el estímulo musical hace resaltar algo que no necesariamente ha sido prefijado por el compositor. En un momento dado una pieza puede provocar en quien la escucha determinadas sensaciones que en otra situación pueden ser completamente distintas. Son momentos diferentes, situaciones diferentes.

Desde el momento que se hace esta constatación, es natural preguntarse cuál es entonces el real influjo de la música. ¿Este símbolo está o no está? ¿De qué depende? Me parecen preguntas muy importantes, porque toda manifestación sonora (y sobre todo las musicales) evoca algo, es como una descarga eléctrica, de fuego, que se pone en contacto con el individuo, quien resiste o no a este contacto que lo estimula, según su receptividad.

Debo decir que está muy difundida la costumbre de considerar la música sólo como un hecho externo, aunque nunca lo fueron la literatura ni la poesía, y diría incluso que no se hizo una gran diferencia entre música y espectáculo. Sin embargo algunos autores han tenido un concepto bien diferente; si bien se creaba un tipo de música al servicio de las variedades, del espectáculo, el significado de la música, su esencia ha sido siempre otra cosa. Y siempre se le atribuyó un determinado poder, un influjo, una ética, una evocación de imágenes, una terapia, una catarsis... miles de cosas. Estas preguntas que nos formulamos surgen porque nos estamos poniendo en una relación diferente frente a este fenómeno, si bien aparentemente el estímulo proviene de lo externo, por ejemplo de escuchar un disco. Una cosa bien clara es que el estímulo musical evoca imágenes geométricas, formas, situaciones, colores, imágenes abstractas o no abstractas: hay un influjo de tipo visual interno que nunca falta, cualquiera sea la pieza escuchada. Nunca falta la evocación de situaciones incluso vividas, que no necesariamente recordamos, pero que surgen en un determinado momento. Si luego la música tiene un efecto verdaderamente liberador, dependerá de que estas situaciones no sólo surjan sino también se resuelvan. No es extraño que en los casos en los que se está más atento, o en los casos de meditación profunda, se perciban con claridad sugerencias internas sobre el accionar, sobre el comportamiento, sobre el camino a seguir, sobre conocimientos muy profundos que cada uno de nosotros lleva consigo. Esto sucede porque la calidad de la música, lo que ella contiene, coloca a la persona en condiciones tales de receptividad que le permiten abrirse no sólo racionalmente sino sobre todo intuitivamente, o sea le permite ir más allá de la razón y la emotividad. Vemos entonces que las impresiones que podemos recibir varían también según cómo nos relacionemos con el estímulo musical.

En la mayor parte de los casos sucede algo que va mucho más allá del contexto histórico en el que nació la música. Es muy interesante y frecuente constatar que personas que no tienen ningún tipo de conocimiento histórico (por ejemplo, el origen de la pieza escuchada) reaccionan mucho más espontáneamente que quien tiene una preparación. Notamos que hay un prejuicio con respecto a la música extraeuropea: el convencimiento de que no podemos comprenderla. Una vez más nos atascamos con la dualidad: Oriente-Occidente, cerebro derecho e izquierdo, actividad y pasividad, etcétera. Todos estos son sólo prejuicios mentales, porque puede suceder que después de escuchar una pieza completa nos asombremos al descubrir que se trataba de música occidental, pero nos parecía oriental Con esta *forma mentis* quedamos no sólo asombrados sino confusos. De hecho, si esto se supiera antes, podría haber un rechazo interno a la escucha; si se sabe después, interviene una confusión absoluta que pone en una oportuna crisis a quien ha hecho que la primera certeza fuera una clasificación mental. Éste es sólo un ejemplo, por cierto muy iluminador, porque aclara que las divisiones que a menudo se hacen no sólo confunden sino que son poco válidas, se apoyan sobre algo inconsistente. Sucede lo mismo con respecto a las civilizaciones, los estilos, tantas otras cosas.

Un método que ofrece una mayor posibilidad de acercamiento a la denominada música clásica, o culta, consiste en no hacer saber de qué tipo de música se trata. En efecto, en cuanto se desea hacer escuchar un poco de música clásica, quien ha tenido prejuicios durante toda la vida no la escucha. En cambio cuando se trata de música de la que no se conoce la proveniencia, se la percibe de inmediato porque no existe prejuicio alguno, aunque se trate de la más compleja de las obras. Razón por la cual debería haber algún tipo de educación para la escucha, que debería comenzar principalmente a partir del cómo escuchar. Esta educación ya se realiza, pero debería partir inicialmente de un nivel intuitivo, en el que la parte más importante concierne al núcleo. Acá reside la complejidad de tal enseñanza, en poder primero tocar el nivel intuitivo y luego dedicarse a algunos aspectos técnicos que pueden servir en un segundo momento: aspectos teóricos, digamos, pero precedidos por la experiencia, y no viceversa. Es claro que cuando sucede lo contrario obstaculizamos la experiencia, se cierra la puerta a ciertas experiencias. Es la teoría la que siempre estuvo precedida por la práctica, que surgió de la práctica. Por lo general, cuando nos acercamos a la música necesitamos una cantidad de años de teoría y práctica, pero no se trata de un tipo de práctica que hace brotar la teoría, que nos permite comprender la teoría. Es bien clara la aversión hacia el solfeo, hacia la teoría del contrapunto, que hace que mucha gente se eche atrás porque piensa que no será capaz. Este modo de enseñar es el académico, que permite ser capaces a quienes se adecuan a su criterio.

El acceso a la música y a la Eufonía debe ser mucho más vasto. Se trata principalmente de saber que de cada escala, de cada estímulo musical se extrae, si no un mensaje (no necesariamente debe ser un mensaje) algo que está en relación directa con el propio ser. ¡Necesariamente! Y esto ocurre con un rechazo pero también con una aceptación. En todo el conjunto de la experiencia hay algo que se toca y que no siempre es igual, porque incluso una música ya escuchada no se percibe del mismo modo, nunca es repetitiva, no provoca siempre la misma reacción, Ciertos autores (y éste es uno de los motivos de una cierta selección, porque no se puede conocer todo y la música no sirve sólo para esto) tuvieron la intuición de un plan de vida diferente, más completo, más esférico y lo hicieron conocer a otros. La función de la música, siempre, en todo el mundo, es llevar conocimiento cada vez más de otras formas de vida incluso en lo cotidiano, en la vida que nos corresponde. Su función nunca ha sido la simple identificación con un estilo o con una moda. Los grandes compositores de todos los tiempos, aparte los de las músicas tradicionales, vivieron en su época pero no tuvieron mucha relación con ella. Recordemos que la mayor parte de los compositores que tanto amamos en su momento no eran muy apreciados. Es más, eran apreciados muchos que hoy casi no recordamos, ni siquiera históricamente, y cuando los nombran nos preguntamos quiénes habrán sido. Sin duda fueron operadores que durante su vida hicieron algo útil, para ser considerados, pero su mensaje no perduró porque, evidentemente, no captaba algo más atemporal.

Richard Strauss, de quien escuchamos una pieza, vivió hace más de cien años y su música todavía nos dice algo: el tiempo no interviene, como podemos ver. En su obra hay reflejos de la época, lógicamente, pero su música no está hecha para ese tiempo, porque no ha tomado nada de él. Cuando hablamos de época queremos decir el contexto histórico; es lógico que un cierto tipo de tendencia artística, musical, sea resultado de la época, de la sociedad donde nacieron y se desarrollaron estas tendencias, pero sólo relativamente. La sociedad en la que vivía Beethoven, por ejemplo, no se refleja mucho en la música de sus cuartetos, no es fácil encontrar la relación entre la época y su música. Es evidente que cada uno de estos grandes compositores se nutría de otras fuentes de inspiración, sabía que no podía extraer nada de lo común y lo cotidiano. Porque la música era pan cotidiano para cada uno de ellos, pero un cotidiano especial.

El caso de Mozart, por ejemplo, que en poquísimos años produce gran cantidad de composiciones... es un poco particular, en verdad.

"Él es un genio".

Bien, pero alguno no era genial y de todos modos tenía "un cotidiano" del cual se nutría, se nutría de una "única fuerza". Por lo que no está dicho que lo que sucede bajo el estímulo musical, que las imágenes y sensaciones que se generan en nosotros en un momento de escucha sean únicamente nuestras percepciones. Se trata de la relación que se crea con el sonido, que hacer surgir aquello que en un determinado momento puede ser también necesario, que se debe realizar. A veces – pero esto no es siempre claro – se puede identificar un elemento que concierne al futuro, una especie de esbozo de cómo se podría delinear, o sea la indicación del camino a seguir. Todo esto se realiza de manera simbólica, y a veces más allá de la propia música que se está escuchando, mucho más allá, como si la música sirviera de base de apoyo para que afloren ciertas sensaciones profundas del alma.

"Es un pretexto".

Digamos un buen pretexto ¿no? Hay que imaginarse que se es un recipiente, pero si ese recipiente no está, la música no ejercerá efecto alguno. Pero no es un pretexto que puede ser sustituido, es un instrumento necesario. Así se tiene una gama de obras, algunas de las cuales se dirigen más hacia el interior y que en determinadas condiciones podrían provocar una catarsis total como realización, conocimiento, sabiduría. De hecho la mayor parte de esos compositores consideraba la música como *sophia*, o sea sabiduría, y desde la antigüedad hasta Hindemith, es decir, hasta tiempos bien recientes. Ahora muchos compositores usan el procesador y hacen experimentos, diciendo que los otros métodos ya están superados. Pero desde la antigüedad hasta Richard Strauss y Hindemith (estamos hablando del siglo XX), música es *sophia*; no conocimiento sino sabiduría. No por nada será Beethoven quien dirá que no hay religión más elevada, o filosofía más elevada, que la música. Beethoven lo ha dicho, pero esta frase no era suya. Esta idea se transmitió en el tiempo, y siempre se intentó comprender por qué la música realiza esta elevada función. Hay muchas personas que no alcanzan esta *sophia*, pero que saben intuitivamente que es así, mientras que otros la viven. Al mismo tiempo, muchos dicen que no necesariamente la música debe ser practicada desde el punto de vista vocal o instrumental para poder alcanzar el conocimiento. Es necesario aclarar bien todos estos elementos. La filosofía más elevada será considerada por Platón un hecho musical; el verdadero filosofar, dice Sócrates (el verdadero filosofar y no la retórica) es un acto musical. Es él mismo que dijo, en el final de su vida, antes de que se le haga beber la cicuta, que no comprendía por qué se le había dicho que debía aprender música. Lo comprende antes de morir, y el famoso mito de las cigarras ilumina sobre el hecho que la filosofía (la verdadera, naturalmente, no escribir sobre filosofía, sino la mayéutica socrática) es un modo de hacer música inaudible. Vemos entonces que cuando se habla de música como *sophia* se hace alusión a múltiples significados. Si la música audible puede reflejar este tipo de *sophia*, es sabiduría.

En este sentido Platón hace confundir a muchos porque parece contradecirse. En la *República* condena a muchísimos artistas, dice que serán expulsados del estado los que hablan de historias demasiado humanas sobre los dioses, los que tocan ciertos instrumentos y hacen música para evocar pasiones que no sirven para el estado ideal. En otros pasajes, en cambio, afirma todo lo contrario, pero hay que ver bajo qué aspecto lo dice. Entonces, mientras en un caso podríamos sostener que él no quiere ni a la música ni al arte, encontramos que además la considera una de las formas más elevadas del misterio de la creación. Todo esto nos confunde: ¿de qué música habla en un caso y de cuál en el otro? No se trata de sagrado y profano, sino de una cualidad determinada por el influjo que tiene la música sobre el alma; se trata del conocimiento de este influjo, de poder curar con la música, de poder realizar al individuo con ella.

Todo esto en las épocas sucesivas no se ha dicho abiertamente, sino que ha sido mantenido sólo por unos genios, que cuando han manifestado este conocimiento han sido considerados sólo como artistas o poetas. No se percibe la verdad en lo que dicen porque van más allá de su época, más allá de todas las épocas.

Las Relaciones Humanas Armónicas

La experiencia de las relaciones recíprocas que se instauraron en el grupo durante el seminario, con algún roce e incomprensión, nos ofrece la oportunidad de observar que también a través de las discrepancias y los conflictos se puede llegar a un momento armónico superior, cuando fluye entre las personas una verdadera "comunicación". Éste es un razonamiento que concierne estrictamente al propósito educativo de la Eufonía.

Comunicar no es simple. El hecho es que no estamos muy acostumbrados a hacerlo del modo justo, no estamos habituados a intervalos de silencio para que la palabra pueda adquirir un valor.

Veamos un ejemplo: si uso constantemente ciertas palabras, o blasfemo, o incluso insulto como costumbre, mis palabras carecerán de valor. Pero si en una circunstancia particular uso ciertos términos, insólitos para mí, después de un cierto silencio resonarán profundamente.

Por lo tanto determinadas expresiones resuenan vivamente si no son habituales. Comunicar el significado del silencio y del sonido realmente no es una tarea fácil. De hecho estamos habituados a atribuir a ciertos términos – silencio, negativo, oscuro, muerte, etc. – valores más o menos iguales, relativos a la falta de algo. Pero el silencio, como el espacio, no está vacío, y lo podríamos percibir y apreciar sólo disponiéndonos en una justa "tensión".

Pero volvamos al acorde. Cuanto más circular es una relación, más nos puede enriquecer; cuanto más cambie nuestra vibración en cada acción, mayor provecho obtendremos de las energías conectadas con ella. Basta, por ejemplo, que yo esté cerrado, creyendo estar atento, para que pierda atención; basta que mi mirada no deje pasar lo que debería, para que yo esté bloqueando; basta que yo contraiga internamente una emoción o un pensamiento para que estos elementos bloqueantes me frenen. Todo eso impide no sólo el contacto con el otro, sino ante todo el contacto conmigo mismo, que de alguna manera soy también el otro.

Para que los sonidos estén en relación entre sí, cada uno debe perder parte de la propia identidad adquiriendo sin embargo una diferente, mucho más rica. Un sonido, en relación con otro, no es mayor ni menor, sino que justamente a causa de esa relación valoriza su individualidad, aunque ésta de alguna manera se opaque para formar el intervalo, para formar un acorde.

Si hay un acorde (y esto vale para la música, la psicología, la metafísica), no está formado por sonidos iguales. Tomemos el acorde más simple conocido: DO, MI, SOL, DO. Las vibraciones que lo constituyen no son iguales, cada sonido tiene su propia característica, que es completamente diferente en el otro pero están de acuerdo, forman parte de un acorde. Cuando escuchamos este acorde sabemos que está formado por DO, MI, SOL, DO, pero los sonidos no están separados, están fusionados; no sólo eso, este acorde no es la suma de cuatro sonidos, es algo diferente, compuesto por cuatro sonidos y por todo un bagaje armónico que se expande. Podría estar compuesto por cinco, por diez sonidos, por veinte, pero que concuerdan; y no son sonidos iguales, es más, podrían ser totalmente contrastantes y crear un acorde. Está casi implícito, como rol, que un acorde debe ser creado justamente a pesar de las diferencias

"Son sonidos complementarios".

Más que complementarios. Tienen algo que les permite llegar a una síntesis: no una unión, se trata de una única cosa con diferentes sonidos. Por lo cual no es la unión de varios sonidos la que crea el acorde, nunca, porque podemos unir una cantidad de elementos y sin embargo no sintetizarlos, mientras que para la síntesis se necesita otro elemento externo. También químicamente, bien lo sabemos, podemos unir el hidrógeno con el oxígeno, pero si no hay calor no hay agua. Es esa condición aparentemente externa pero implícita que crea los contactos, es la voluntad de hacer algo que supera tanto al hidrógeno como al oxígeno en sí, porque si estos siguieran separados no habría agua.

Es muy extraño que lo que separa y fusiona estos elementos sea el fuego. De alguna manera la temperatura, de la más baja a la más elevada, modifica el estado de ese elemento, ese tipo de sustancia. Sólo este hilo conductor es capaz de sintetizar esos elementos aunque, repetimos, no los une. Nosotros, por ejemplo, estamos acá unidos porque nos encontramos todos juntos en un mismo "contenedor", pero de la unión a la síntesis hay una considerable distancia. No es con la suma de las partes que llegamos a la síntesis, sino con un elemento que es común a todos y que consta fundamentalmente de sonido. Acá encontramos una vez más el sonido de cohesión, y está la temperatura, de alguna manera, o sea el fuego que el sonido contiene. Si este fuego calienta lo suficiente, quema todo lo que tiene escorias, extrae lo esencial y crea un elemento ulterior diferente de la simple suma de las partes.

Este es un proceso del que no podemos prescindir en ningún caso y que sólo relativamente está inducido desde afuera; estar inducidos significa, sobre todo, hacer surgir algo de lo interno. También la inducción es un fenómeno vibratorio, un fenómeno de resonancia, como la educación, y para que pueda actuar hacen falta medios esencialmente no verbales, desde el silencio total hasta diferentes tipos de lenguajes. Entonces, para llegar a una síntesis en primer lugar es necesario estar inducidos internamente, luego hacer salir y resolver las contradicciones, que siempre existen en un proceso de inducción y no pueden ser resueltas desde lo externo. El sonido, si está y es poderoso, actúa en todo momento; es como el núcleo de una célula, que nunca está separado de ella y emana constantemente un cierto tipo de energía que impregna toda la célula, desde el centro hasta la periferia.

Cuando existe la fusión de un grupo, que puede ser considerado una célula, su función es actuar como núcleo que no puede ser separado de todo el resto: no tiene la posibilidad de estar separado, aunque lo desee. Sólo si el núcleo está enfermo se produce la separación, no tanto del núcleo cuanto de todos los componentes de la célula, que debe atravesar determinados procesos para tener un mínimo de consistencia y de unión. Cuando el núcleo está sano, la célula se sintetiza en sus elementos; en este caso, y esto forma parte de una ley eufónica, existe la posibilidad de emitir constantemente un sonido lleno de armónicos, muy diversos y variables, porque inducen en cada uno de los componentes de la célula – o sea en cada uno de nosotros – tonos muy diferentes. En otras palabras, cada proceso – de inducción o de evocación, el de la materia socrática u otros del mismo tipo – emite un sonido que permea todo en nosotros.

En algunos diálogos platónicos encontramos un ejemplo de este tipo de procedimiento, que es un aspecto de la mayéutica con la que se tiende a hacer descubrir a cada uno la verdad que lleva en sí, como proceso de auto educación. En esos diálogos Platón hace asumir a Sócrates la función de núcleo: aparentemente él no sabe nada, es más, casi siempre debe ser iluminado sobre todo aquello que sucede en un grupo. Esta actitud de aparente ignorancia (no es modestia, decididamente, y tampoco una estratagema) Sócrates la asume para hacer que gradualmente surjan las ideas y los sentimientos más profundos. Luego él no hace más que sintetizar lo que ha escuchado, extrayendo por último una nueva idea o una nueva enseñanza de los discursos y las experiencias. Ese método llega a los extremos en un diálogo en el que Sócrates hace resolver un teorema completo a personas del todo inexpertas, haciéndoles tomar conciencia durante el procedimiento de que en el fondo ellos recordaban los términos de ese teorema.

Este método ha perdido interés con el tiempo y se ha dejado de lado, creyendo que muchas "inyecciones" de enseñanzas, de nociones y también de doctrinas pueden resolver nuestros problemas. Cada día se nos inculca algún conocimiento desde lo externo, aunque no lo queramos. Pero en este caso nos limitamos a repetir lo que se nos enseña, lo vivimos sólo en una pequeña parte porque debemos mantener el respeto por esa inducción externa. En cambio, como es un proceso más difícil, no nos ocupamos de tratar de extraer de nosotros lo que tenemos dentro, lo que debemos hacer salir en un determinado momento, lo que es la escoria de ese momento, lo que es la luz de ese momento. Cada uno de nosotros ya tiene todo en su interior, pero ese conocimiento no nos debe inducir a creer que la luz interior se puede manifestar en un instante: en muchos procesos existe la necesidad de un tipo de sonido que proviene del núcleo, y que debe ser dosificado. Pero la dosificación se debe producir naturalmente y es diferente para cada individuo, porque una distribución armónica del sonido debería permitir sólo el desarrollo posible para cada uno en un determinado momento.

Lo importante, de todos modos, es saber que el proceso está encaminado y que avanza gradualmente. No importa cuánto dure; no está dicho que se concluya en dos minutos y no está dicho que para alguien estos dos minutos no sean dos años. Seguramente se debería tender en una vida a acelerar algunos ritmos, pero para una semilla que debe germinar hacen falta dos años, éste es el tiempo necesario. Por el momento la práctica de la Eufonía nos puede ayudar a poner en marcha el proceso, aunque debo decir que para llegar a realizaciones satisfactorias, necesitaríamos semanas de *sit-in* de este tipo, o períodos un poco más largos durante los cuales las prácticas deberían comprometer toda nuestra atención. De hecho la Eufonía hace surgir ideas y sensaciones ubicadas a una notable profundidad, pero éstas, aunque profundas, se podrían considerar periféricas respecto de lo que sería posible ahondar, respecto de todo lo que se podría realizar llegando hasta el fondo. Pero para que un procedimiento de este tipo sea posible, es fundamental asegurarse siempre de que nuestra capacidad de búsqueda sea totalmente autónoma, para que cada cosa pueda ser no sólo analizada sino también, lógicamente, resuelta por nosotros mismos.

Cuando actuamos para desarrollar un cierto proceso podemos creer que estamos solos, que somos nosotros los que encontramos el eje de un nuevo equilibrio, sin ninguna ayuda externa. En cambio, hay quien nos está ayudando constantemente en este proceso, y de formas de las que no siempre nos damos cuenta, creyendo que todas las cosas funcionan casualmente, con coincidencias. Siempre tenemos un determinado tipo de ayuda, si somos capaces de ponernos en comunicación con quien nos está ayudando y de invocarlo. Somos nosotros los que debemos disponer nuestro eje interno a fin de captar lo que fluye constantemente hacia nosotros. Nos daremos cuenta entonces de que nunca estuvimos solos, y de que no lo estaremos nunca, aunque nos parezca que nuestro camino es una búsqueda individual.

Muchas cosas provienen de Seres mucho más elevados que nosotros. Cuando digo que son elevados es sólo porque han realizado ciertas potencialidades (no poderes), se han realizado a sí mismos y guían y ayudan en parte a la evolución humana. No son seres extraplanetarios, sino Maestros, verdaderos Maestros que no necesitan escuchar todos nuestros discursos y ver cada una de nuestras acciones cotidianas; para conocernos les alcanza simplemente una breve mirada a nuestro tono, a nuestra nota, a cómo se emite nuestra nota. En una palabra, observan cuál es la calidad vibratoria de la nota emitida, cuál es nuestra luz, porque sólo esto es esencial, más allá de cualquier consideración. Todo lo que hemos hecho y hacemos, crea o cambia, baja o sube una cierta tonalidad vibratoria que se expresa en sonido y en luz, luz que no es visible a los ojos físicos; diremos más claramente que se trata de luz áurica y para expresarla sólo es necesario "ser", sin ningún otro tipo de búsqueda.

Cuando llega el momento justo para iniciar una búsqueda interior, no es que alguien nos viene a buscar: esto vale también para los grados del discipulado; simplemente se nos ofrece una ayuda para que podamos ponernos en sintonía, pero lo debemos hacer nosotros. De hecho cuando hemos concretado ciertos propósitos y hemos realizado, digamos, ciertas tonalidades, cuando las hemos expresado, el carácter se construye pero no son otros sino nosotros mismos quienes lo hacemos. Las verdaderas enseñanzas no están destinadas a formar los caracteres, son sólo preliminares para hacer salir todo lo que está en profundidad, pero el carácter es una cuestión sólo nuestra. Una vez que hemos más o menos suavizado las puntas y las aristas, podemos recibir verdaderas enseñanzas; pero los problemas del carácter no conciernen a la esfera de un Maestro de Sabiduría. Esto nos puede parecer extraño, pero el hecho es que existen miles de preceptos que sirven en tal sentido. Para un Maestro asume importancia cómo se realiza el trabajo, y no el carácter en sí. Cuando se realiza un paso, un propósito (y acá están los grados del aspirante, del discípulo) surge una luz, un sonido bien emitido. En ese preciso momento, por necesidad armónica, el Maestro responde; no puede no hacerlo, porque ese Ser aplica la ley de resonancia y sabe que quien invoca internamente debe obtener una respuesta. Es una ley.

"La invocación, sin embargo, debe ser consciente".

Claro, perfectamente consciente, de lo contrario la respuesta, si está, no puede ni siquiera ser percibida. Es bien claro que no es casualidad que en todas las tradiciones – en India, en Tíbet – se dice que cuando el discípulo hizo un paso, el Maestro hace diez. ¿Pero por qué debe dar un paso primero el discípulo? ¿Y porqué se crea esta ley de resonancia? Para la ley de resonancia, cuanto más activa está una cuerda (y ya hay cuerdas activas, muchas, grandes cuerdas activas), más puede enriquecer a otras cuerdas; estas últimas, a su vez, enriquecen a la primera y se crea así una mutua relación armónica. Pero si esta cuerda pequeña (o grande, si se quiere) no es tocada, no puede evocar ese gran sonido porque no está en una relación "simpática" con él. La ley de resonancia no es más que la famosa ley de "simpatía": cuando dos instrumentos están en un mismo lugar, si hacemos vibrar la cuerda de uno, la cuerda del otro vibra simpáticamente. Esto sucede simplemente porque las dos cuerdas encuentran la misma vibración, y cuando esto sucede ambas se enriquecen recíprocamente. El instrumento no tocado vibra igualmente cuando se está tocando el otro porque entre los dos se ha creado una corriente, pero esto no se puede producir si uno de los dos instrumentos está desafinado, con las cuerdas rotas o flojas. Para que el segundo vibre por simpatía es necesario que haya afinidad de tensión. Esta es la ley de vibración simpática. ¿Qué sucede, en cambio, cuando hago vibrar la cuerda que antes era pasiva, mientras la otra sigue vibrando constantemente? Se crea una corriente que enriquece a ambos instrumentos, porque se expanden los armónicos de los dos. Pero ya es bastante poner en tensión y dejar que la corriente del otro despierte lo que está latente. Naturalmente es sólo un primer paso, el siguiente consiste en tocar el instrumento y no dejar que la vibración del otro me "suene" sólo porque estoy en tensión, debo ser yo, luego, quien toque la cuerda o las cuerdas. Recién en ese momento se creará una tal riqueza de armónicos que no podemos siguiera concebir, y siempre por ley de simpatía.

En otros campos sucede lo mismo: todo depende de cómo nos pongamos "simpáticamente" en relación con los otros seres. Seguramente podríamos expandir muchos más armónicos, crear mucha más armonía de lo que normalmente hacemos, siempre que se descubran algunos principios de identidad, incluso en la diversidad. Un acorde, esto es bien claro, no está compuesto por sonidos iguales: no por nada se llama acorde y no compromiso. Un acorde, entonces, no es un pacto entre diversos sonidos que se unen en cualquier momento, porque su síntesis va más allá de la cantidad de elementos que lo crean. Hay una síntesis a la que nada escapa, que está compuesta por sonido, y cuando decimos que está compuesta también por fuego es simplemente porque el fuego es parte integrante del sonido. En muchas de las culturas antiguas se lo expresaba directamente hablando de los truenos celestes, los truenos vibrantes, de los truenos de luz: truenos... y truenos: el trueno antes se llamaba tono. En el Medioevo incluso se hablará del fuego contenido en cada tono, de verdaderos fuegos que no serían sino la energía de los átomos; energía nuclear que es la más pura, en cuanto es la más directa, la más sutil... no podemos encontrar nada más sutil que esta energía. Por eso es necesario dosificarla de modo armónico, sin tomar o sacar más de lo necesario, o sea, realizar una dosificación justa. Pero justo, en este caso ¿qué significa? ¿Quién dosifica? ¿En qué sentido podemos decir que la dosificación es justa?

"Debe haber una justa distribución de ciertas energías".

Sí, es necesario distribuir algunas, pero armónicamente. Me atrevería a decir también que tal distribución se debe producir desde esferas mucho más sutiles que ésta. Yo puedo tomar el rol de un instrumento ¿por qué no? Por cierto lo que hace sonar al instrumento no es algo verbal – no puede ser verbal – lo que aparece para hacerlo sonar, y esto es importante, deriva de un método que es inductivo en el sentido más profundo. La construcción que se debe realizar inmediatamente después, la formación de la célula de un grupo armónico, u otra cosa, ya no debe responder a un nuevo tipo de adoración externa. La idea de la autoridad, la idea de la pasividad, en algún sentido, ya no tienen razón de ser porque vivimos en una época en la que las acciones necesarias para la humanidad se deben llevar adelante de otra manera. Estos pueden ser los tiempos correctos porque parece que, pese a todo, la humanidad puede ponerse de pie, no digo sola pero sí de forma autónoma, con respeto, con armonía mutua, con hermandad, si queremos llamarla así, aunque es una palabra que se usa demasiado sin que luego se ponga en práctica.

Ese sonido que estimula todas las cosas va mucho más allá de nuestras individualidades, mucho más allá de las enseñanzas del maestro en carne y hueso, mucho más allá del instructor, mucho más allá. Si no nos gusta ir demasiado lejos, podemos preguntarnos si existe un "más allá" un poco más cerca, que se pueda ver y que esté influyendo en nosotros. ¡Existe! Como también existe el soporte de todas las cosas, de cada sonido, de cada vibración. Pero para quien de alguna manera se pone en sintonía con los ritmos del universo, para quien se pone en sintonía con los llamados Maestros, debe ser claro también que los propios Maestros tienen caminos a recorrer. Este tipo de conciencia nos permite sólo tener una perspectiva, y sirve no tanto para darnos la idea de infinito cuanto para hacernos conscientes de que cada cosa avanza según una escala evolutiva adecuada a sus necesidades. Entonces un Maestro de Sabiduría nos puede ayudar porque ya ha recorrido nuestro mismo camino; pero así como hay quien ya ha superado de alguna manera el nivel llamado humano (no es que nosotros ahora seamos seres completamente humanos, estamos sólo en camino hacia la humanidad), hay quien ha ido mucho más allá de esta destreza, cosa que para nosotros, en este momento, nos puede resultar una especie de niebla de la mente; pero dado que necesitamos algún modelo como punto de referencia, debemos comprender también que el propio modelo aún debe recorrer su propio camino.

Lógicamente a nosotros este punto ya casi no nos interesa, porque no podemos concebir qué camino ulterior puede recorrer un Maestro. En cambio nos puede interesar el camino que tenemos que recorrer nosotros hacia la primera meta, que ya de por sí es bastante fatigoso y duro; pero diría que casi nunca estamos solos, al contrario, diría que estamos muy bien acompañados. Esto está directamente relacionado con nuestra vibración, nuestra nota. Si en un determinado proceso vibratorio se desarrolla una nota, alterando algunos de los ritmos se altera esa misma nota (no digamos si baja o sube, esto no tiene nada que ver) porque el todo se debe adecuar al nuevo ritmo, pero también hay que tener presente que el resto no se descarta sino que se sintetiza en la nueva nota. Si nosotros, por ejemplo, debemos pasar sucesivamente de un DO a un RE, no significa que el DO se anule, sino que sus mejores características se asumen en el RE. En los primeros momentos de este proceso hacemos constantemente trinos porque emitimos el DO en un momento y el RE en otro momento, repetidamente, pero ese tipo de emisión entrecortada termina cuando se estabiliza el nuevo sonido.

Acá encontramos expresado de otra manera el conflicto, casi siempre muy marcado, entre nuestra vida personal y nuestra vida interior, que nos parecen completamente diferentes. Pero una y otra se pueden fundir, y cuando eso sucede descubrimos que se puede mantener perfectamente una vida personal y una vida interior sintetizadas en una. Pero cuanto más sufrimos esta dualidad, menos preparados estamos para mantener la nueva vibración. La vibración precedente es fácil de mantener porque ya es estable, se mantiene sola, pero la nueva no es tan simple de conservar porque es alta, porque requiere ritmos diversos; es una nota nueva que se abre camino. Naturalmente, si se lo desea, esta nueva nota se puede mantener de forma estable; pero se la deberá no sólo rozar para luego alejarse nuevamente, sino quedar firmemente aferrados a ella, sabiendo que existe una ley de gravitación por la cual toda la materia que existía en la nota anterior se resume en la nueva. Nueva, no última…

Antes de que esta nueva nota se estabilice del todo entran diferentes procesos en juego, procesos de alteración de los ritmos, procesos conflictivos. De hecho sucede que algo nuevo sustituye a la calma ya adquirida y este hecho comienza a crear un conflicto. La armonía necesariamente debe atravesar conflictos, pero estos no son siempre guerras, al contrario de lo que podemos imaginar. Los conflictos se producen porque en un sonido comienzan a sucederse cada vez con más frecuencia nuevos elementos que quisieran alterarlo, pero éste, al comienzo, no acepta fácilmente modificar sus ritmos. Yo ya tengo mis costumbres, una vida organizada según esquemas precisos que están bien para mí ¿por qué debería aparecer algo que la puede alterar?

Pero hay una realidad: este sonido es muy vivo y no lo podemos ignorar. Si lo alejamos quedamos en nuestra posición de calma aparente: podemos hacerlo, porque somos libres. Pero cuando participa un nuevo flujo, difícilmente podrá ser desechado; es como un poco de sol que al calentar el agua la evapora aunque no lo deseemos. El agua que se evapora sería lo que elimina la nueva vibración, esa parte de desechos que existe en nosotros. De hecho no todo se elimina, pero sí la corteza; la cristalización se debe disolver si queremos que el nuevo sonido sea más elástico. Y para que los conflictos no duren demasiado, es necesario estar dispuestos a que se transmuten con rapidez. Las actitudes y los ritmos más difíciles de transmutar, lógicamente, son los ya cristalizados: entonces primero hay que trabajar para romper los cristales más duros, y el sonido del que nos estamos ocupando sin duda puede, no sólo romperlos, sino también hacerlos desaparecer.

El rol inicial del sonido, sin embargo, es sólo hacer tomar conciencia de lo que está sucediendo. No podemos estar ajenos a este proceso, de lo contrario los resultados obtenidos en algún momento se anularán y nos encontraremos en la misma condición. Pero volver a la vibración anterior trae aparejado, por la ley de "simpatía", que las cristalizaciones se atraen nuevamente y luego de una semana, un mes, un año, se regresa al punto de partida. Es esencial no tanto sacar algo cuanto cambiar la nota.

"¿Cambiar nota significa perder conciencia de otras cosas? ¿Integrar?".

Necesariamente. Es un nuevo estado de conciencia, como decir otra escala, otra nota vibratoria.

"¿Y cuando se te escapa o no logras mantenerla?".

Vuelve siempre. No obstante, dado que existe la necesidad de actuar sobre lo viejo, se debería tratar de dejarla actuar, sin interrumpir lo que debe hacer.

"¿Es normal que el desarrollo de la conciencia avance por ciclos, con altos y bajos?".

La vida dual caracteriza a nuestros procesos. Hay una parte de nosotros que resiste y una parte que trata de sintetizar, aunque sin forzar; pero sin nuestra participación consciente no sucederá nada, esto es cierto. No podemos pretender que alguno nos salve, nos ayude, nos dé la gloria y la dicha sin que hagamos nada.

"Todo está en ser conscientes".

Pero antes debemos reconocer esta dualidad: una resistencia por una parte y algo que desea actuar por otra. Las cosas comienzan a cambiar recién cuando empezamos a darnos cuenta de que después de todo no estamos tan seguros dentro de nuestro cristal. A una persona que se siente muy segura dentro de un cierto tipo de cristalización, un discurso de este tipo no le producirá efecto alguno (aunque penetre en ella, porque hay una esencia en nosotros mismos que no escapa frente a estas cosas), ni provocará respuesta alguna de su parte. Para ella estos discursos son absurdos, de hecho, es mejor no importunarla, debemos aprender a no importunar. Sin embargo nadie nos puede prohibir que emanemos lo que se debe emanar, entonces debemos ayudar, dar una mano, dar la posibilidad; luego, como no somos nosotros los artífices de ese destino, no podremos impedirle que quede cristalizada, si lo desea. Pero que quede claro que todo lo que no responde a un determinado estímulo, a una vibración más elevada, no tiene validez, no sirve para nada.

No siempre somos conscientes de que estamos vibrando constantemente; deberíamos en cambio aprender a vibrar siempre conscientemente. Este es un momento en que debemos tener la valentía de manifestarnos como somos, coherentemente, pero sin importunar. De hecho, apenas se trasluce la idea de que alguien quiere a la fuerza cambiar algo, quiere sacar la cristalización de otro, automáticamente se forma en aquél igual resistencia porque el cambio no fue buscado por él. En cambio si lo ha buscado, la mano puede ayudar porque es el otro quien está tendiendo la suya.

"Pero es difícil comprender la situación de otro; a veces nos parece que sus comportamientos están cristalizados y luego descubrimos que es más abierto que nosotros".

Habría que estar más atentos, porque no se trata de emitir juicios. Remitiéndonos a la imagen de la jarra y del espacio, se ve que lo que debe fluir no puede ser bloqueado; cuando no fluye es porque la jarra, evidentemente, no es porosa, no tiene membranas, es rígida, cerrada.

"La cuestión es que cada uno de nosotros tiene sus filtros y las observaciones se producen siempre a través de estos filtros. En la naturaleza es muy diferente. Incluso delante de la misma fuente musical hay filtros que dejan pasar sólo algo, y así le cambian su "color"".

Bien, pero no es tan importante que cambien los colores, porque cada uno de nosotros tiene una tonalidad que le es propia, pero que tiende hacia otra. Si las tonalidades se atenuaran, si, por ejemplo, del rojo tendiéramos hacia el lila (no hacia el rosa) ya sería un hecho positivo. En una palabra, se debe tender desde lo denso hacia lo sutil más fluido. Lo denso no es fluido, es pesado, compacto, no permite la circulación. Entonces debemos ver cómo realizar este pasaje, para reconocer cuál es el próximo paso para cada uno, paso que tiende al cambio de tonalidad y no es igual para todos.

"Esa piedra que vemos en el piso es densa, sin embargo deja circular la luz".

Así es. Pero es densa para nosotros, mientras que para su contexto no lo es, las hay mucho más densas y cristalizadas. Deja pasar la luz y tiene una característica propia. No por nada los antiguos, que consideraban vivas estas piedras, como todo el mundo mineral, apreciaban de modo particular el alabastro porque deja pasar la luz. El alabastro y el diamante se consideraban las piedras más perfectas del reino mineral, porque podían expresar la luz en la densidad más fuerte. El alabastro deja pasar la luz y esto significa que es denso y fluido al mismo tiempo; es súper-permeable y muy consistente. Vemos entonces que hay diferentes grados de cristalización, porque otras piedras son más maleables, más densas o menos densas. Es un problema de densidad y sutileza, si podemos plantearlo de esta manera.

Siempre debemos tender hacia lo más sutil; la gradación avanza de lo denso hacia lo sutil, en sentido profundo, al punto que el cuerpo debería convertirse en una perfecta membrana, maleable pero sólida. Lamentablemente Occidente no ha recibido una enseñanza adecuada sobre el cuerpo, aún hay mucho para hacer con este problema. Éste ha sido bastante maltratado por casi todas las doctrinas religiosas. El Cristianismo, el Judaísmo, el Islamismo han considerado el cuerpo como la fuente de todos nuestros problemas en la tierra, por lo que se requiere un completo desapego de éste para llegar a experiencias espiritualmente más elevadas. Los Sufis, en cambio, tienen una consideración tan alta por el cuerpo que lo "danzan" y hacen de él un medio.

Entonces una de las cosas a someter al fuego láser, en nosotros, es toda esta concepción del cuerpo que no deja fluir. Es cierto que no debemos estar demasiado apegados a él, pero al mismo tiempo no debemos considerarlo la fuente de todos los males o de todos los problemas de la tierra, recordando que podría ser o convertirse en algo diferente, sobre todo en esta etapa de la humanidad. Si ha causado problemas es porque se lo ha visto sólo en sus aspectos limitantes. Aún más absurdo es el hecho de que el cuerpo femenino en especial haya sido considerado fuente de todo mal, a partir de la historia del pecado original. En realidad Eva no tiene nada que ver con esta concepción; Adán y Eva representan simbólicamente la división de los sexos. Este famoso Adán más que un hombre debía ser un hermafrodita, de lo contrario no hubiera podido sacar una mujer de una parte de sí mismo.

De todos modos estos son otros problemas. Es cierto que identificar en el cuerpo la fuente de todos los males nos hizo algo esquizofrénicos, con reacciones extremas, siempre contrarias a un justo concepto del cuerpo. Por una parte hay un apego desconsiderado a éste, por otra ni siquiera se lo considera. Sin embargo también el cuerpo debe tener un significado, puede dar un mensaje, porque encierra todo un microcosmos, al que una vez conocido se le puede pedir la liberación total en el espacio.

Deberíamos verdaderamente percatarnos de que el cuerpo es un microcosmos, sin ningún sentimiento de culpa, dándole su valor real: es el templo del alma. También se ha dicho esto, que es el templo del alma. El templo, entonces, sería algo muy diferente de lo que estamos habituados a pensar: es un lugar donde viven todas las energías del alma. Durante mucho tiempo, en cambio, el cuerpo fue visto como la tumba del alma, su sepulcro.

A menudo pensamos que el cuerpo tiene muy poca luz. Pero si es verdad que el Verbo ha permeado todo, que el Sonido pernea todo, ese Sonido no se detiene frente a las células de ningún cuerpo, incluso físico. Estas uniones, estas síntesis se deben poder reencontrar. El camino no es brevísimo, no se completa en dos segundos, pero sólo así se hace un paso hacia adelante – o arriba, si se desea – nunca hacia atrás.

En otros términos, una vez que la globalidad de nuestro ser despierta ante una determinada experiencia, no vuelve atrás, no vuelve al estado precedente. Por ende, poco pero seguro; mucho, también, y seguro. Así el paso, hacia delante o hacia arriba, es siempre positivo.

Notas y Reflexiones sobre la Eufonía

Cuando pronuncio una determinada palabra, ya existe un arquetipo de ella, un conjunto de energías que la configuran. Por lo tanto no es que yo la cree al pronunciarla, yo no hago más que traducirla, expresarla, tratando simplemente de darle sonido audible. Pero existe mucho antes de que yo la haya pronunciado, porque si así no fuera no podría ser generada: es sólo que por medio del sonido se hace audible para nosotros. Si la pronuncio, es sólo porque hay simpatía hacia el arquetipo, porque se asemejan.

El sonido, por lo tanto, genera un verdadero puente: un puente que no está construido entre dos extremos sino que avanza hacia algo que se le asemeja. La misma atmósfera, el mismo espacio, tienen vibraciones similares a las generadas por nosotros. Este puente sensorial se construye para permitirnos escuchar una parte de lo que creemos que es silencio. El puente, entonces, se usa como medio para tratar de hacer audible algo que existe constantemente en el otro extremo, pero que no es audible en el sentido físico.

La comunicación se puede producir porque pienso y porque también el pensamiento tiene su forma vibratoria, sonora, que se escucha. Esta es la clave, el principio sobre el que se basa el estímulo del sonido para permitirnos avanzar, gradualmente y sin esfuerzos hacia una apertura, no sólo auditiva sino de conciencia. Esta apertura nos puede permitir entrar en contacto con una realidad más grande que la normal para nosotros, donde el sonido se usa sólo con fines utilitarios, eminentemente egoístas y de todos modos limitados. Las experiencias graduales pueden hacer que se creen verdaderas "aperturas", no aperturas inconscientes sino que tengan un significado y que no sean sólo captadas vagamente sino comprendidas realmente por nosotros.

* * *

Si pudiéramos captar interiormente las vibraciones y los ritmos que la Naturaleza emite constantemente y pudiéramos resonar en "simpatía" con ellos, no necesitaríamos ninguna otra cosa secundaria, porque habría, de por sí, un contacto tan fuerte que haría surgir aquello que ya está en nosotros, dado que formamos parte de la misma esencia. Si en cambio debemos recurrir a muchas cosas relativas es porque, evidentemente, debemos conocer lo relativo para ir hacia una apertura. Como se dijo, el sonido se puede constituir como puente; no hablamos de puentes hacia el más allá, hacia el mundo de los difuntos, hacia aquello que es misterioso, extraño, sino de puentes internos de comunicación que la Vida crea y que posee en sí.

Nos podremos preguntar si estos puentes ya existían, y dónde. Es lo mismo que pensar que no existe nada más que nuestro vecindario. Pero cuando se va a otro lado, la perspectiva debe obligadamente cambiar. Se ve que existían otros puentes de comunicación, otros caminos que no se habían recorrido y que existían desde hacía tiempo, que había gente que los recorría, que incluso había gente del otro lado del puente. Por lo tanto es lógico que viviendo en los límites del vecindario se creyera que eso era lo absoluto, sin suponer siquiera lejanamente que pudiera existir otra cosa. El problema entonces no es que debemos tratar de crear algo que no existe, de construirlo artificialmente: en realidad, es como descubrir algo que existe pero que aún no conocemos.

* * *

En tiempos antiguos se decía que cuando se desea dirigirse a la Naturaleza, a los Dioses o a Algo que va más allá de lo humano, se debe hablar su lenguaje. Todo forma parte de una única esencia, aunque hemos perdido incluso el sentido de la comunicación, que se realiza con nuestro tipo de lenguaje. El lenguaje, el verdadero, está esencialmente compuesto por Sonido, Color y Luz, que son los fenómenos más estudiados por la física, en relación con la teoría de la relatividad. Einstein trató constantemente de comprender cómo se transmitían estas vibraciones y cuál era su medio. De acá derivaron todos los experimentos que llevaron al descubrimiento de que aunque los fenómenos eran diferentes, existía algo que los aunaba. Se descubrió que mientras hay formas de vibración que no atraviesan la materia, otras, precisamente el Sonido, el Color y la Luz, la atraviesan con facilidad.

Todo esto que nos parece obvio porque ya se ha probado científicamente, para los antiguos y para algunos científicos místicos era de importancia capital. Hoy se habla de ondas, de radiaciones sonoras, de magnetismo: estas energías tienen relación directa con las vibraciones, con los sonidos que hace siglos había percibido Pitágoras y con los que había experimentado.

* * *

Nuestra primera experiencia se hará con una serie de voces que pronuncian de modo continuo, como un eco, la sílaba primordial OM. Lo que debemos hacer durante esta escucha es tener un tipo de conciencia que es una de las leyes de la Eufonía: la conciencia de que nuestro centro del corazón tiene doce vibraciones, doce cuerdas. El corazón es el primer instrumento verdadero, antiquísimo, mucho más antiguo que la voz para el género humano. El corazón tiene doce sonidos que deben resonar también en relación con los sonidos cósmicos. Debe existir la conciencia de que no se escucha sólo con los oídos, sino también con el centro del corazón, que no se encuentra directamente en contacto con la materia corpórea sino a pocos centímetros de distancia. Esta serie de doce cuerdas, bajo el influjo del sonido externo, debe poder comenzar a despertarse y a vibrar.

Tratemos de sentir desde este momento que un fuerte juego de energías y de fuerzas pulsa para armonizar nuestro organismo. Se trata de familiarizarnos con la vibración que reside en nosotros mismos y con su irradiación. La base de apoyo de nuestra búsqueda debe ser la conservación del mejor estado armónico posible. El influjo dirigido por el sonido necesita, tanto en quien lo recibe como en quien lo emana, un mínimo de precisión en la distribución de su tiempo vital, sus ritmos vitales, todo aquello que en definitiva conforma una vida más o menos armónica. La nuestra debe ser una búsqueda dirigida a hacer que la experiencia eufónica sea la más fácil y duradera posible. Es muy importante hacer esta experiencia, pero debemos estar atentos a dejar que ella nos atraviese, a no archivarla; se debe sentir como algo que se injerta en una raíz, como una semilla vital que hace crecer no un nuevo tipo de planta sino lo que existe ya naturalmente, reforzándolo. Si en cambio sólo nos atraviesa, no será porque nuestra vida no es sana sino porque falta ritmicidad en el sentido vital.

La experiencia más profunda de esta escucha debería ser sentir que las doce cuerdas del corazón cantan la misma esencia de lo que se está escuchando, es casi un ayudar al centro del corazón a emitir el mismo sonido. Se debería llegar al punto que aquello que se está escuchando y nuestra respuesta sean lo mismo: el estímulo sirve para despertar esta armonía interna.

Intenten permitirse participar, estar atentos y conscientes, sentirse resonadores del sonido…

* * *

La Eufonía en el antiguo Egipto se consideraba un arte de tipo místerico: partía de la preparación a la iniciación hasta alcanzar el núcleo iniciático. Todo lo que se refería a la musicopedagogía, entendida como educación interna en sentido profundo, formaba parte de la esencia concebida como UNO (ver también las enseñanzas de Hermes Trimegisto). Sobre la concepción del UNO se basaron todas las antiguas escrituras, de las cuales en buena parte también estuvo permeado el pensamiento griego. La idea fundamental era: todo es vibración. No hay nada en el universo que no vibre de una determinada forma, nada que no esté sujeto a leyes sonoras y musicales. Así, lo que en Grecia se llamará Eufonía, en Egipto se refería sobre todo a la idea de la "entonación", del "sintonizarse", del comunicar con la naturaleza, con los dioses y con la primera fuente de la creación que es la Energía oculta (Sol oculto).

Todo este proceso que tendía hacia la fuente de la emanación se concebía principalmente en términos de experiencia sonora. Es un proceso particular que busca la manera de "eliminar" lo no esencial que reside en nosotros mediante el uso consciente del sonido. No es un problema de desintegración, al contrario, se trata de unificar la propia raíz y matriz de vibración sonora, nuestro verdadero núcleo interno, o huevo interno, con la raíz del Sonido universal. La Energía del Sonido (Energía de Vida, de Color, de Fuego y de Amor) podrá entonces hacernos reunir con nuestra misma naturaleza eliminando de a poco todo lo superfluo de nuestra vida material, de nuestra vida emotiva, de nuestra vida mental, de modo que esa vibración vuelva a estar unida a uno de los rayos del Sol oculto.

Los antiguos habían identificado muy bien este camino, si bien lo expresaban simbólicamente: se decía que sólo los halcones querían ir hacia el sol, que lo amaban tanto que deseaban reunirse con el astro. Por eso el halcón se presenta en la cultura egipcia como ave divina, como hijo del Sol, intermediario entre la divinidad y la humanidad. Simbólicamente el halcón representa uno de los rayos más importantes, más internos del Corazón del Sol. Todas las culturas antiguas concuerdan en decir que ciertas aves consideradas sagradas fueron las que introdujeron el sonido en nuestro planeta, las que trajeron la conciencia y la semilla de todo lo que es la energía sonora, el canto del Sol y el canto del cosmos. Así tendremos, para dar algunos ejemplos, el cisne (tradición hindú), el águila, el halcón. Este último a veces está acompañado por un buitre sagrado que tiene la función, en determinadas ocasiones, de eliminar todo aquello que es inútil para la parte espiritual, todo lo que no sirve de la vida material.

* * *

Por Sonido Verdadero, o Sonido Celeste, se entiende aquél para el que existen leyes particulares y fijas. Con sonido relativo, también llamado de los compositores porque atañe a la música, nos referimos a esas vibraciones manifestadas que son expresiones relativas de una ley musical idéntica para todos porque es esencial, pero que se adapta a las civilizaciones de la tierra y de los lugares donde se manifiesta. Por eso la extrema diversidad de las costumbres, los rituales, los cantos y los instrumentos que se encuentran esparcidos por todo el planeta.

Estos aspectos de las antiguas tradiciones no respondían solamente a exigencias estéticas como en la actualidad, sino que representaban una parte fundamental de contacto y de integración, una parte funcional tal como la medicina y los ritos.

A nosotros hoy nos interesa la posibilidad de experimentar algunas de estas teorías, las que están a nuestro alcance, vivificando y destacando un aspecto de esa ciencia primordial. En el primer punto de esta teoría metafísica del sonido, no compuesta por suposiciones sino basada en principios que la ciencia está descubriendo poco a poco, se dice que el universo es una idea manifestada, que hay una primera tendencia y un inicio del movimiento que da origen al sonido, y al mismo tiempo hay un universo. Esta es una idea acabada, completa, con una Causa Primera sin causa.

Del movimiento de esta primera "tendencia" nace lo que llamamos periódico, que comienza en el universo como en cualquier cosa que vive y pulsa; cuando se crea una frecuencia, un movimiento en relación, nace el ritmo.

Hay entonces una triple forma vibratoria, de donde se origina lo que consideramos espacio y tiempo.

Por lo tanto, hay un movimiento "puro" que no está en el espacio y en el tiempo, no es relativo, va más allá, va a la causa que ha generado el espacio y el tiempo para el mundo sensible. Este es el movimiento que alcanza un estado "estático". Se habla de estado de éxtasis y de estado estático: las famosas danzas estáticas se mueven en el movimiento puro y no necesitan el espacio ni el tiempo.

Hay luego una vibración elemental, la que da origen a todos los elementos; hay una palabra y también el objeto que la palabra crea.

Está el pensamiento, la idea espiritual, está la palabra, el sonido de la palabra, el pensamiento para crear el objeto que esa palabra menciona. Por eso nombramos una cosa, le damos un nombre. Pero el camino que hace esa cosa antes de manifestarse en el espacio y en el tiempo es bastante largo, y sigue diferentes etapas y ritmos.

"Y Dios dijo: 'Luz'. Y se hizo la Luz". El nombre, la palabra y el objeto están unidos: el nombre atraviesa nuestra percepción y desde el momento en que es pronunciado se comienzan a recoger las energías que forman a ese objeto.

El hombre capta, nombra las cosas, les da un nombre. Pero los nombres son humanos. El Nombre es divino.

* * *

Al comienzo, hablando de la necesidad de tener un mínimo de ritmicidad para poder hacer la experiencia eufónica "directamente", también se debía considerar un hecho muy simple: el sonido, cualquiera sean sus características, actúa en nuestro cuerpo y en nuestra vida psíquica (tanto en estado de vigilia como de sueño) transformando y transmutando los elementos corpóreos y psíquicos.

Pero como mínimo se pretende que haya, por parte de quien se somete a tal tipo de influjo sonoro, la voluntad de mantener un cierto ritmo interno que le permita recibir todas las energías que conforman un sonido, y no solamente algunas y mal filtradas. Si a los sonidos que nos atraviesan no les permitimos despertar un mínimo de armonía superior, seguirán simplemente fluyendo sin provocar cambio alguno. Durante la escucha de palabras, música u otras cosas sólo algunos sonidos dejan una impresión particular, y eso sucede porque hubo un momento de alineación que ha permitido extraer de esa experiencia lo que era necesario. Por lo general, todo lo que sucede en el mundo del sonido nos deja casi indiferentes y se trata, aunque suene extraño, de una cantidad de elementos que están constantemente configurando nuestra vida: ruidos, sonidos, músicas, palabras. Muchos de ellos no tienen mucho sentido para nosotros y pasan casi sin tocarnos, porque son sonidos demasiado repetidos y que por ende ya no resuenan, o porque a menudo no encuentran las condiciones preliminares para poder resonar.

* * *

En lo que trataremos de hacer hay un desafío: poder experimentar todo aquello que era considerado legendario y fabuloso. Se trata de experimentar una esencia que el hombre puede y debe vivir si desea tener una vida lo más completa posible.

La experiencia de dos instrumentos de cuerda que vibran "por simpatía" (cuando se toca uno el otro resuena solo) es casi un sinónimo de la parte fundamental de la experiencia eufónica. Se debe poder colocar el instrumento en las mejores condiciones para que le sea posible recibir aquello que el componente de sonido "en el otro extremo" le está dando.

Existen miles, millones de sonidos de un único Sonido que solamente nos rozan, porque sólo encuentran jaulas dentro de las cuales está quien se ha creado casi voluntariamente un destino de sordera.

Esta resonancia completa, total, existiría, y de inmediato.

El Libro de Job dice: "¿Has escuchado el canto de las estrellas?".

* * *

Cuando se explora el mundo del Sonido de modo penetrante, tratando de descubrir el contacto creativo que el hombre puede tener con tal energía, se llega a un conocimiento más profundo de la constitución humana, de las energías que fluyen de modo musical y que se expresan en un ser sonoro.

Cada uno de nuestros centros esenciales de energía, desde el coronario hasta el que se encuentra en la base de la espina dorsal, expresa en toda su gama una verdadera escala musical que tiene una relación directa con nuestra conciencia; la conciencia se manifiesta en nosotros mediante una de estas "ventanas", que no son simples centros de energía material, como bien sabemos, sino modalidades del ser, modalidades vibratorias que forman parte de nuestra constitución a nivel psico-fisiológico, un verdadero instrumento musical.

La afirmación que nosotros somos un instrumento musical no es nueva. Lo que en cambio puede representar algo verdaderamente nuevo es sabernos comportar como instrumentos musicales; esto significa ser conscientes de cómo estamos formados, saber cuáles son nuestras vibraciones a nivel musical, cuál es nuestra línea evolutiva y cuál estamos siguiendo en el contexto global.

* * *

Ante todo sabemos que existe en nosotros un acorde que tiene una tónica y en relación con ella, una tercera, una quinta y una octava. Este acorde está formado por tres sonidos principales que se resuelven en un último sonido. La tónica está en relación con nuestro mundo etérico y físico, la tercera con el mundo emotivo, la quinta con el mental mientras que la octava representa nuestra síntesis espiritual. Aquello que en términos musicales constituye el acorde principal (DO-MI-SOL-DO) encuentra correspondencia en nosotros: cada sonido representa un aspecto de nosotros mismos, una tensión hacia la octava que los sintetiza.

¿Pero cómo descubrir, ante todo, nuestra tónica y qué representa este sonido interno? Por tónica entendemos nuestro "tono" o sea "sonido", aparente, audible, que manifiesta todo nuestro mundo interno a quien puede oír. ¿Cómo se manifiesta físicamente este sonido? De hecho no se trata de cuestiones sólo metafísicas, porque no existe nada exclusivamente metafísico.

Sabemos bien que al respirar, tanto en el proceso de inspiración como en el de expiración – que forman un único proceso – estamos trabajando con un principio vibratorio, el hálito vital, que es vibración directa y que en su primer grado también físico aún es inaudible. Cuando respiramos sutilmente, sin forzar la respiración, ésta es totalmente inaudible, se la percibe sólo cuando hay un roce con el aire. Pero hay algo en ella que es muy importante, vital.

De esta experiencia, obvia para todos nosotros, debemos extraer en primer lugar que hay una serie de fuegos vitales en acción para poner a punto este proceso y además que cuando tomamos del exterior todos los componentes del aire, realizamos una transformación de estos fuegos vitales internos; entiendo con fuegos vitales todo lo que nos mantiene orgánicamente con vida. Imaginen que en cada uno de los órganos de sus cuerpos reside un fuego central con diversas gradaciones, diversos colores, diversas calidades: un fuego central alimentado constantemente por algo que es totalmente invisible en relación con ese fuego, pero que tiene una apariencia, podemos decir, de catalizador de todas nuestras energías; las cataliza y las convierte en cristales. Para explicarlo mejor: todas las energías que extraemos, internas y externas, en un determinado momento reciben una transformación y se cristalizan, dando forma a algo.

En los órganos reside un fuego, etero-físico, emotivo, mental, espiritual, que se alimenta continuamente. En el proceso de respiración estamos trabajando; es como si hubiera alguien en nosotros que respira conscientemente, no es "respirado" inconscientemente. Entre el momento de la inspiración y el de la expiración hay un instante, medido por nosotros, que no es ni una cosa ni la otra; no es tampoco contener la respiración, que es una desaceleración forzada del proceso, mientras que la normal está compuesta por tres fases: inspiración, una mínima pero importantísima contención de la respiración y expiración. Esto es lo que hacemos constantemente. En el proceso natural no contenemos la respiración más de lo necesario, a menos que no se realicen prácticas que consideran la contención necesaria para determinados fines. Es sabido que en el momento de contener la respiración tenemos la mayor afluencia de energías; en este proceso triangular ese es el punto máximo de difusión de la energía, es como decir el vértice de esos fuegos vitales.

Ya en nuestra respiración sutil estamos realizando este proceso; antes incluso de que sea audible, la respiración es sonido, lleno de armónicos. Pero antes nuestra tónica atraviesa en nosotros una fase de desbloqueo de energías que se concentran a la altura de la garganta. Tratemos de verlo de forma práctica.

¿Como es nuestro sonido interno? Tengamos cuidado de no reducirlo al único sonido que nos caracteriza, debemos verlo como nuestro componente fundamental de sonido que es audible y del cual luego se pueden extraer todos los otros sonidos psíquicos, físicos, mentales, etc. Fundamentalmente en el proceso de respiración, que no concierne sólo a la garganta, si la respiración, sin esfuerzo, se torna más profunda, un poco más amplia que lo normal, respiramos no sólo para sobrevivir, sino para vivir. Se produce entonces una apertura a la altura del corazón y al no concentrar la respiración sólo en la garganta y la laringe, dejamos fluir en ciertos momentos un poco más de aire y de principios vitales en nuestro organismo. Y nos sentimos bien no sólo porque almacenamos más aire, sino porque fluye en nosotros más armónicamente una energía. Acá entramos en el campo de la armonía, de los armónicos y de nuestro tono que está estrechamente vinculado a la respiración.

* * *

Dado el argumento que estamos tratando, abramos un paréntesis para hacer alguna observación sobre ciertas prácticas del *pranayama* relativas a la contención de la respiración. Quien reflexione sobre lo dicho hasta ahora podrá comprender por qué contener la respiración sin un objetivo particular se debe considerar negativo. Puede llevar a quien lo practica a estar más abierto a psiquismos de toda clase, a formas emotivas sin solución, a quemar una cantidad de posibilidades de tipo espiritual. Corre entonces un gran riesgo quien practica el *pranayama* no como ejercicio de reconstitución orgánica, psicofísica. La antigua ciencia de la respiración, del soplo vital, o de las fuerzas sutiles de la naturaleza, se expone comúnmente en todos los antiguos textos del *shivaismo* tradicional. Pero en estos textos el Maestro exhorta desde el inicio a no poner en práctica lo que se enseña antes del momento oportuno y sin una preparación adecuada. La fuerza de la respiración nos puede llevar a la predicción, a la adivinación, al trascender el espacio y el tiempo, a tantos estadios que representan para nosotros inmensos y admirables poderes pero que, en lo que respecta al soplo vital, no pueden ser practicados como un hecho normal y cotidiano. Puede ser necesario utilizarlo en ocasiones particulares: cuando debemos controlar una tensión interna, o luego de una fase de tratamientos médicos tradicionales, para obtener una recuperación de energías precisamente con la respiración; pero el pasaje se debe realizar de forma muy gradual, para que nuestra conciencia pueda comprender claramente de qué tipo de energías se trata.

Recordemos al respecto la famosa parábola del Maestro que es maltratado por una muchedumbre junto con el discípulo. Éste se asombra de que el Maestro, con todos sus poderes, no haya reaccionado. "Si yo los hubiera tenido – dijo – los hubiera usado para defenderte". "Justamente por esto no tienes poderes – respondió el Maestro – Cuando puedas actuar en otro plano de conciencia, comprenderás la necesidad de usarlos con gran discernimiento". Por lo tanto este es un argumento muy delicado, como delicada es nuestra respiración.

* * *

Decíamos que cuando aflojamos la tensión de la garganta con una respiración más calmada y profunda, la respiración comienza a circular hacia la zona del corazón. Para la búsqueda de nuestro sonido audible, después de un momento de este tipo de respiración que se abre en el centro de nuestro cuerpo, debemos emitir muy levemente ese sonido que emana naturalmente de nuestra voz. Veámoslo en práctica. Si yo estoy respirando normalmente y no está demasiado contraída la zona de la garganta, existirá un punto en el que puedo hacer salir la voz. Siento una vibración en el punto del que proviene el sonido, que es el de la voz natural que emana en la respiración sin esfuerzo, sin cantar, ni entonar ni buscar ningún tipo de impostación de la voz.

Se puede entonces percibir la calidad del sonido y descubrir dónde se lo siente vibrar. Esto es sólo hacer audible el propio tono de base, el que siempre está vibrando en nosotros, y se lo obtiene simplemente apoyando este sonido sobre las cuerdas vocales y escuchándolo. Se lo debe hacer audible para tomar conciencia del principio que está sosteniendo. Es un principio muy simple pero esencial para cada uno de nosotros, para poder observar cuál es nuestro punto armónico, no teórico sino real. Si duda no podemos armonizar sin una base.

Cada uno de nosotros tiene una tónica que no cambia nunca, y tiene características diferentes no tanto en el sonido cuanto en sus componentes; por ejemplo, el timbre no es igual en nadie, y es un componente fundamental del sonido, una característica de la propia identidad – en otras palabras, de cómo nos manifestamos.

Muchas veces lo que se escucha es un armónico del sonido, y en ese caso se advierte que hay una vibración. Hay técnicas tibetanas de canto, de recitación, que permiten oír el sonido de base – la tónica – y el armónico al mismo tiempo, en una única voz. Esto lo practican también los sacerdotes, adrede, para recitar los *mantram,* y no se trata sólo de buscar un buen registro de voz sino de encontrar una identidad cósmica.

En lo que respecta a los cantantes, se advierte en general la necesidad de transformar la naturaleza de la propia voz - que no obstante es una cosa maravillosa y extraña. Poquísimos (cinco o seis casos en todo el mundo) tienen la voz natural tanto hablando como cantando. Este no es simplemente un comentario de estética musical, sino que está vinculado a la concepción de que por medio de la palabra y el sonido se puede crear, modificar, transmutar, edificar, destruir, curar, etc. Pero sólo probando la propia energía vibratoria podemos emprender un camino de este tipo.

Entonces el principio de base de nuestro sonido es ese punto donde no hay esfuerzo en nuestra respiración armónica, ni debemos presionar sobre la laringe o las cuerdas vocales; ese punto sin tensión donde nace el sonido. En cada uno de nosotros ese punto será la señal, la puerta hacia esa tónica, y al mismo tiempo adquiriremos la conciencia de que eso que hemos escuchado es el sonido que estamos emitiendo constantemente, resultado y síntesis de todas nuestras energías físicas, psíquicas y espirituales puestas en acción. Nuestra vida está toda allí, expresada audiblemente. Para captar todos sus componentes es necesario avanzar por grados, teniendo también en cuenta que hay todo un proceso biológico que se desarrolla hasta el momento en que este sonido se manifiesta maduramente.

La voz de un niño durante su crecimiento no cambia de tonalidad, sino de armónicos. Hay un momento de nuestra vida, entre los 28 y los 35 años, en que este sonido se manifiesta por completo. No se cambia nunca el timbre, que está estrechamente unido a toda nuestra vida: éste expresa la calidad esencial que cada uno manifiesta durante la vida. Nosotros hablamos o cantamos creyendo servirnos de un instrumento, del que se podría incluso prescindir. Pero es muy interesante desde el punto de vista psicológico notar que cuando cambiamos de estado de ánimo, cambian también las características de nuestra voz: de la rabia a la depresión, todas manifestadas en la voz. En esos casos no es que cambie el tono, digamos más bien que los armónicos de esa única cuerda se manifiestan de forma poco armónica: son armónicos enmarañados en formas que, en vez de mantener siempre una determinada resonancia abierta, crean opresión u otros estados de ánimo.

Por eso no tiene nada de abstracto referirnos a nosotros como a una cuerda armónica, un conjunto de sonidos, una melodía. Este es el modo más directo para referirnos a nosotros, para hacer comprender qué somos en términos de "sonido audible". Se infiere que lo "inexplicable" se puede explicar en música, si la respiración no es artificial, o sea si lo mismo que hicimos en nosotros, dejando pasar el aire y vibrando con el sonido, lo podemos hacer con respecto al universo, con respecto a la inspiración, convirtiéndonos realmente en un canal. Lo esencial sin embargo es que cada uno logre hacer que armonizarse sea un arte y en consecuencia manifieste la armonía con otros en cualquier lugar. En la armonía existe el principio que los acordes responden a otros acordes, o sea, se expanden. Si acá tenemos más acordes, hay más expansión armónica; si en cambio no hay acuerdo no sólo no hay expansión sino que se extingue la posibilidad armónica.

* * *

¿El actor, recitando, qué hace? El actor en el sentido decadente – no el actor de teatro, que es otra cosa – tiene una estrecha relación con nosotros; si yo busco la belleza en la dicción, es como si recitara en la vida, no como en un teatro cósmico sino como por obra de un desdoblamiento de la personalidad. Sin duda la poesía, el teatro, son parte fundamental del sonido también en el concepto antiguo, pero el actor que busca esa belleza no finge; no es que se ensimisma simplemente en el personaje, si bien en ese momento es ese personaje, sino que penetra también en la vibración de lo que está recitando, luego de lo cual sale de escena. Cada día debe interpretar escenas diferentes: es una verdadera actuación, pero de la vida. En el otro caso me refiero a quien finge vivir y en cambio está actuando: nosotros podemos engañar con la voz y la oratoria, pero no en lo profundo. Siempre de forma coherente con los principios del sonido y sobre todo del centro, de la síntesis que es el sonido de la vida, si fingimos "actuamos", no evocamos en nuestra vida fuerza alguna. En otras palabras, comunicando dejamos comprender que detrás de nuestras palabras no hay experiencia porque en ellas falta toda vibración. Podemos en cambio comprender perfectamente cuando en nuestras palabras se manifiesta la experiencia, o sea una fuente cósmica que actúa como catalizador y cristal.

Nuestro concepto de cristal está reducido a un sentido de dureza; pero el cristal deja pasar la luz, y muta y cambia y vive. Hemos llamado "cristal" a esta piedra porque en ella hay un principio crístico; eso significa que es duro sólo en apariencia. Es nuestra mente que cuando funciona mal, se cristaliza endureciendo, pero si somos verdaderos catalizadores el cristal vive; ¡y nosotros somos un conjunto de cristales!

Para concluir diremos que el primer paso necesario para cada uno de nosotros es la búsqueda del propio sonido, de la propia tónica. Una vez reencontrada la armonía individual será posible hallar una correspondencia con otras armonías: tal como en un racimo de uva cada grano se corresponde al otro sin perder su individualidad, creando dentro del propio racimo una unidad armónica más amplia.

Cuando hayas encontrado tu unidad armónica individual, habrás encontrado el conjunto y tu lugar en el conjunto. De esta pluralidad armónica nace la vida.

El Movimiento Eufónico

Para penetrar en la esencia del movimiento del ser humano es fundamental la búsqueda de la analogía entre los movimientos de la mente y los del cuerpo. Hay un movimiento de la mente que tiene un determinado ritmo; hay un movimiento del cuerpo que no es capaz de seguir el de la mente, sobre todo de alcanzar la misma velocidad desarrollada en el tiempo por el movimiento mental. ¿Pero qué se entiende por movimiento mental?

Si en este momento quisiéramos concentrar muy claramente nuestro pensamiento tratando de percibir cuáles son, por ejemplo, las impresiones dejadas en esta sala meses o años atrás, o tratando de imaginar que estamos ahora en París o Londres, con el movimiento de la mente ordenado y dominado de alguna manera por algo más amplio que la propia mente, de pronto podríamos encontrarnos, al menos con la idea o la imaginación, en París o Londres, o percibir un movimiento realizado mucho tiempo atrás.

Intentemos aclarar: así como en este momento hay una grabación en curso, que se realiza con equipos, en todo momento y en cada partícula del espacio hay una especie de grabador natural que tiene una conexión con nuestra mente. Es evidente que en ese tipo de movimiento tiempo y espacio "saltan", no hay necesidad de movimientos sucesivos, ordenados, de pasajes consecutivos. Si con el cuerpo físico quisiéramos hacer lo mismo, deberíamos tomar el avión o el tren, y ponernos a caminar. El movimiento del cuerpo tratará de estar más o menos relacionado con el de la mente, pero seguirá siendo una relación muy diferente. Aparentemente necesitaremos más tiempo para hacer una cosa físicamente que para realizar un movimiento mental.

Movimientos y músicas del Ser

De acá surge la esencia del problema del movimiento: no somos sólo una mente y un cuerpo, hay un Ser en nosotros que habita mente y cuerpo al mismo tiempo. Además, si la mente no está unida a los problemas que hemos mencionado, tanto menos este Ser tiene problemas que conciernen a tiempo y espacio. En otras palabras, si la mente puede revivir el pasado, imaginar el futuro y lugares lejanos, el Ser, siendo nuestra esencia, no tiene problema de tiempo y de espacio, porque no entra en sus leyes, a las cuales de alguna manera debe obedecer la mente. Si ese acto de recuerdo del pasado o de lugares lejanos se realiza en un pensamiento de la mente, para el Ser se trata de un acto aún más simple, porque no necesita dimensiones temporales o espaciales.

Lo único que se puede decir del Ser (mientras que es posible experimentar mucho más) es que habita, vive un Eterno Presente.

¿Qué tendremos que hacer para que estos tres planos diferentes se alineen? ¿Qué debería hacer el cuerpo? ¿Debería tal vez imitar los movimientos de la mente, o el movimiento, o el equilibrio del Ser? ¿Cómo debería comportarse el cuerpo para que las energías fluyan de un punto al otro del organismo psicofísico? ¿Debería ser estático o dinámico? ¿En qué casos se puede hablar de verdadero movimiento, entre el del cuerpo, el de la mente y el del Ser?

Aunque parezca existir en tres planos diferentes, hay una conexión fuerte y estrecha que no realizamos nosotros a nivel fundamentalmente físico, porque entendemos el movimiento esencialmente como un flujo de las energías corpóreas, a veces asociado a un elemento emotivo. Como consecuencia tendremos el ritmo que crea un movimiento y acentúa una parte emotiva que nos hace sentir momentáneamente en presencia de un movimiento superior, diferente del estrictamente físico, que sería puramente automático o mucho menos fluido.

Hay una diferencia entre el movimiento que se expresa en la danza académica y el de las danzas tradicionales. En la danza y en la gimnasia académica lo único que cuenta es la estética del movimiento que a veces coincide con el flujo de las energías del Ser y de la mente. En la mayoría de los casos lo que hace quien danza académicamente es seguir un modelo mental no propio, por lo cual puede mover el cuerpo de una determinada manera, encontrar también un placer en esto, pero no hay una relación entre los movimientos de la propia mente, del Ser y del cuerpo.

Por esta razón en los últimos tiempos se ha reflexionado mucho sobre las danzas tradicionales y el flujo de energías provenientes del Ser que se constata al ejecutarlas. Esto significa que cada movimiento no es simplemente la representación de un estado, sino que es ese estado. La diferencia es grande; en la representación no sólo se imita, sino que se reproduce un modelo de movimiento coreográfico o gimnástico que puede provocar un determinado movimiento corpóreo que no tiene y no quiere tener mucha relación con los otros. Esto no toma en consideración que hay un movimiento bien preciso de la mente, de flujo y reflujo de la marea mental, que hay un movimiento del Ser que de ese modo el cuerpo no puede nunca expresar y exteriorizar. En este caso se reproduce un modelo mental que puede provocar una cantidad de emociones -porque en la danza y en la gimnasia hay todo un corolario muy llamativo- pero que no refleja los movimientos de la mente y del Ser.

Reflejar estos movimientos significa que por un instante un movimiento es capaz de crear un estado de armonía profunda. No se trata de velocidad, de reflejar los movimientos de la mente entrenada, purificada en el sentido de pensamiento puro, efectuados en el tiempo. No es esta la velocidad que el cuerpo debe tener para sus movimientos.

Nosotros notamos que en el movimiento desacelerado, que por lo tanto aparentemente no es dinámico, se encuentra la mayor fuente de dinamismo. Observen cómo en la mayor parte de las danzas tradicionales de carácter sagrado los movimientos son extremadamente lentos, y sólo en algún caso y en algún momento - donde es necesario sostener una base rítmica muy potente, que simboliza todo el mundo de la manifestación - es necesario un ritmo rápidamente indicado, mientras toda la parte superior del cuerpo mantiene movimientos lentos.

¿Pero qué significa movimiento lento? ¿Es lento en relación con qué? Cuando desaceleramos el movimiento del cuerpo, la parte correspondiente de la mente se sosiega y el Ser se puede expresar en la mente y en el cuerpo. Cuando hacemos un movimiento brusco tenemos a menudo la imagen mental de un movimiento análogo, similar a una marejada. La mente está agitada por olas continuas y el cuerpo simultáneamente realiza movimientos adecuados a ese ritmo. En ese caso puede haber armonía aparente entre el movimiento de la mente y el del cuerpo, pero en realidad es la mente la que está incitando al cuerpo a moverse bruscamente, promoviendo a la vez igual agitación en sí misma.

Por algún motivo bien preciso la danza tradicional siempre ha estado asociada a todas las técnicas psicofísicas conocidas. El problema es establecer para qué sirve el movimiento, cuál es su objeto, por qué todas las cosas se mueven y cómo se mueven. Si queremos percibir el movimiento y el ritmo de una cosa o un ser, por ejemplo el agua, debemos intentar ponernos en contacto con su esencia. Cuando así lo hacemos, lo que se despierta en nosotros no es la mente, sino el Ser. Y si en nosotros se despierta el Ser más profundo, descubrimos que el movimiento del agua y de todos los elementos es uno con El. La consecuencia es que en cada pequeño acto, cuando nuestro movimiento es consciente, estamos constantemente haciendo fluir las energías de todos los elementos que componen nuestra naturaleza, y que entonces prácticamente no tenemos necesidad de realizar ningún movimiento particular para comprender *el* movimiento.

Platón dice al respecto que la necesidad de movimiento viene para recordarnos el movimiento de la vida, y por ende, el famoso *Theós* que significa también movimiento interno. Nosotros asociamos *Theós* al concepto de Dios, pero en sus orígenes esa idea se identificaba sobre todo con una experiencia donde se interrelacionaban *Caos-Theós-Cosmos*. El movimiento entraba en un segundo momento, después de las energías concentradas y latentes en el Caos.

La línea no existe sin vibración

Si necesitamos movimiento es entonces para recordar el flujo de toda nuestra vida, tanto psíquica como emotiva y física. Ser conscientes de esto nos puede ayudar a comprender qué tipo de movimiento nos puede interesar y a qué se refiere el movimiento del Ser, de la mente y del cuerpo.

No es cierto que la gimnasia crea sólo armónicos entre mente y cuerpo. Tratemos de recordar que en la antigua Grecia el movimiento se entendía (como también hoy debería ser) como una de las puertas que abren a los misterios de la existencia y a los misterios del Amor. Se decía que no podía acceder al Santuario quien no conocía la Geometría. Si investigamos más a fondo descubrimos que, en relación con nosotros, la Geometría es el movimiento de los puntos de la Tierra. Un punto en vibración constituye una línea. La línea no existe sin la vibración de un punto. En la concepción usual de la geometría decimos que la línea es una sucesión de puntos, pero en realidad, aunque hagamos mil puntos, no por eso obtendremos una línea.

Desde el punto de vista de la Geometría profunda, así como la entendían Platón, Pitágoras y los antiguos egipcios, el significado del movimiento está representado por un punto en vibración que pone en armonía todas las formas, del *Theós* que geometriza.

Platón dirá que lo que se denomina creación no es otra cosa que *Logos*, o sea *Theós*, la Palabra, el Sonido. Ese punto que no es sino *Theós*, surgido del Caos, crea el Cosmos con sus movimientos, que son movimientos de un único punto. De ese único punto se forman la línea, el triángulo, el cuadrado, todas las formas y todos los volúmenes del espacio.

¿Qué significa que cada uno de nosotros puede geometrizar, y *quién* geometriza en nosotros? ¿Cómo hacemos, en otras palabras, para movernos a fin de buscar nuestra clave creativamente?

Si es verdad que cada uno de nosotros está "contenido" por un punto central que hace que todos los demás puntos se muevan irradiando desde él, podríamos entender, no pensando en términos de dualidad, que estamos simplemente canalizando flujos terrestres y celestes. De hecho no es verdad que hay algo terrestre distinto de otro de naturaleza celeste, al existir en nosotros un único punto que participa de todos los puntos del cosmos, que imita cada movimiento interno, desde los órganos a la circulación, de los flujos psíquicos a los movimientos corporales, porque es su reflejo directo. No sería exacto decir que nosotros canalizamos, simplemente, como no es exacto decir que hay diferencia entre el agua que estaba contenida en una jarra antes de que ésta se rompiera y el agua en que la misma jarra se podía sumergir: ¿podemos decir que una jarra sumergida en el agua canaliza el agua, la conduce?

Desde un punto de vista mental puede ser correcto, pero desde el punto de vista del movimiento, que es el mismo dentro y fuera, no es posible. En el espacio, tanto acústico como aéreo, para dar un ejemplo, ese "dentro" y ese "fuera" se mueven a la misma velocidad y ritmo que nuestro Ser, incluido nuestro cuerpo, si lo deseamos: si nos acordáramos de que simplemente deteniéndonos y colocándonos a una altura muy elevada podríamos ver la Tierra moverse a una velocidad impresionante, comprenderíamos que si nuestro cuerpo no fuera de la misma naturaleza de todas las cosas no sentiríamos ese estado, que nosotros creemos quietud: el movimiento se está produciendo en todos los instantes de nuestra vida, así como el agua que estaba fuera de la jarra estaba también en su interior.

Cuando estamos quietos creemos que no hacemos movimiento alguno, mientras que nos movemos a una velocidad tal de tener la impresión de estar quietos. Es extraño que, relativamente, nos parezca tan veloz un tren en marcha como para no poderlo tomar, y en cambio podemos aferrar la Tierra a la velocidad con que se está moviendo en el cosmos. Esta aparente paradoja significa que todos los átomos de la tierra, del aire y del fuego (como dirían los antiguos) están girando a una velocidad que es la misma que tenemos internamente. El famoso principio hermético "como es arriba es abajo" explica las leyes de la vibración y del movimiento porque nos está diciendo, en otras palabras, que no hay diferencia entre el aparente estado de quietud y el de dinamismo: es el mismo que constantemente circula en toda la Tierra.

De acá surgió en el pasado la convicción de que en el movimiento circular había una representación, si bien no completa, del movimiento del Ser alrededor de sí mismo (circular en espiral) y que la rigidez no existía en la naturaleza.

Nadie, excepto uno mismo, puede perfeccionarse a sí mismo

Observemos la representación de una danza y notemos la agilidad de los movimientos, pero a partir de las reflexiones precedentes comprenderemos que en efecto se trata de una desaceleración necesaria para que el movimiento se fije en la retina y la mente pueda seguir algo que nos está sucediendo a altísima velocidad, a velocidades que ningún ritmo musical puede reproducir. Si nuestro Ser se pone en movimiento y la mente capta este fenómeno, se percata del sentido de la lentitud, o sea que se trata solamente de una representación, en el movimiento helicoidal, de una geometrización constante que se está realizando en nuestro organismo y nuestra psiquis.

Entonces sentir en nosotros un beneficio por las energías que recorren nuestro Ser debería ser un hecho normal, no un logro. El logro ya existe cuando nacemos. Si lo debemos recordar con la gimnasia y con la música es sólo para tener un poco más de memoria de todos nuestros movimientos, de nuestro movimiento constante. De acá se infiere que en el fondo nadie, excepto uno mismo, puede perfeccionarse a sí mismo. Lo máximo que puede hacer el otro es indicarnos qué etapa recorrer. Ya tenemos en nosotros todas las fuentes, todos los mensajes, todas las "informaciones" relativas al movimiento.

Todas las etapas que no corresponden a la parte esencial, tradicional en el sentido profundo, son movimientos periféricos que no nos lo pueden hacer recordar; se cree que el movimiento está sólo en la periferia y no se concibe la identidad existente entre el espacio interno y el externo. Provocando un brevísimo estado de "alineación", de relajación, se podría establecer la conexión con todo aquello que aparentemente se presenta como externo. Ya estamos conectados, no es necesario inventar ningún tipo de conexión. El movimiento y el recuerdo del movimiento nos pueden servir para recordar los ya perfectos movimientos que existen en el Ser. En cambio lo que domina la situación en la mayor parte de los casos no es este recuerdo, sino la agitación de la mente que siempre quisiera obtener algo más que cree no tener. Pero sólo haciendo más lento su movimiento se puede percatar del constante dinamismo del Ser.

En la representación de las danzas sagradas, como las chinas, celtas, etc., encontramos como característica la circularidad, y siempre un sentido aparente de quietud casi estática, con algunos movimientos sutiles casi imperceptibles a los que se atribuye altísima velocidad, dinamismo, profundas formas de liberación de energía, claridad, pureza que en el movimiento sólo aparentemente dinámico se oscurecen. En otras palabras, lo que por lo general consideramos ser dinámico es sólo movimiento. Por esto en la antigua India se concebían tres formas fundamentales de movimiento para todo el mundo de la manifestación: el equilibrio o movimiento armónico, el movimiento dinámico y la inercia, que es también una forma de movimiento. A veces la inercia se confunde con el movimiento armónico. El movimiento dinámico es el más llamativo, porque en el aspecto forma tiene mucha vibración, aunque haya profunda lentitud en su interior. En lo inerte no hay casi movimiento. El movimiento armónico, en sentido propio, se compara con la lentitud de la serpiente que espía y está relacionado con la atención más profunda. Es el movimiento que más se acerca al del Ser, sin serlo todavía.

Resumiendo, es importante recordar nuestra comunicación con lo interno-externo, la búsqueda de los movimientos que nos han llevado desde el nacimiento hasta el momento actual y cómo todos nuestros movimientos representan algo que no tiene sólo un origen emotivo y mental, sino que a menudo se refiere a un Ser muy profundo. La Tierra tiene todos estos movimientos y nosotros estamos ligados muy profundamente a Ella.

Por lo tanto, cuando queremos reproducir una forma tradicional de danza o de movimiento sagrado, debemos recordar que tiene una funcionalidad propia en relación con la Tierra. Cuando así lo hacemos, hay un flujo constante de esa agua (para volver al ejemplo de la jarra) hacia la otra agua, porque estamos redescubriendo que cada uno de esos movimientos no sólo representa algo, sino que ayuda a la propia Tierra en su movimiento. Así como en los antiguos ritos de fecundación se pensaba que el hombre podía fecundar incluso físicamente a la Tierra, tratando de penetrarla e introduciendo el propio semen en una suerte de apareamiento, del mismo modo, en el acto de la danza, nuestra energía sutil, cósmica, que es de la misma naturaleza, penetra en la Tierra y de la Tierra llega a nosotros creando un círculo ulterior, y fecunda todo, porque se trata de un acto fundamentalmente creativo. De estas consideraciones se deduce que hay una percepción diferente que depende de que uno se mueva en un ambiente natural y no contaminado, o en uno donde predomina el cemento, que aísla. Si no partimos del principio de que esta relación con los elementos ya es algo real, nos será difícil concretarlo en todos los planos, nos cerraremos a la posibilidad de hacerlo. Es como si yo tuviera que hacer un llamado telefónico y pensara que no tengo teléfono. El teléfono está, puedo llamar y puedo ser llamado. Si pienso que no lo tengo, estas posibilidades se pierden.

Pasemos ahora a una breve experiencia, donde podremos entrar más directamente en contacto con esta realidad.

Pongámonos de pie, en una posición cómoda, donde no haya rigidez de las rodillas sino una ligera elasticidad y flexión, tratando de sentir cómo ayuda esto a tener conciencia de dónde y cómo estamos de pie.

Después de un momento modifiquemos esta posición para volver a un estado habitual, donde, por lo general, hay rigidez y verticalidad.

Hagamos esto varias veces, prestando mucha atención a la forma diferente de percibirnos a nosotros mismos en relación con la Tierra.

Inicialmente podremos tener diversas impresiones, como inseguridad, inestabilidad en la primera posición, pero luego será fácil notar que esa es la más natural, la que nos brinda mayor conciencia de nuestro contacto con la Tierra, mientras que en la otra notamos una sensación cada vez mayor de oposición, de bloqueo de las energías. Se trata de una mínima variación en la postura y es interesante notar cómo en la posición militar de "firmes" es evidente este estado de tensión y fatiga, que necesariamente debe ser contrarrestado luego con el "reposo": sirve sólo para dar a la mente un sentido (falso) de seguridad.

Quedando en la posición de las rodillas flexionadas, comencemos a flexionar la cintura (es interesante notar que a este punto físico en italiano se le atribuye el nombre "vita" (vida) y que esta parte de la columna vertebral se llama hueso "sacro"). Busquemos las posiciones que sintamos más "libres", liberando al mismo tiempo el vientre: mejor si logramos mover los músculos internos, el diafragma, ayudándonos también con acciones respiratorias. El movimiento debe ser algo como apretar y retorcer la zona tratando de obtener un masaje de todos los órganos, los nervios, los huesos, para nombrar solamente los elementos más exteriores. Después de haberlo hecho, notaremos que nos podemos mover de una manera diferente. Para caminar, por ejemplo, necesitamos flexibilidad, incluso en la mente; si no partimos de esta flexibilidad, poco podremos ayudarnos hacia otras experiencias. Sólo con leves desplazamientos podemos reencontrarla en nosotros, reencontrar la unidad y recrear un círculo.

La experiencia más significativa es que este círculo se recrea sobre todo a nivel respiratorio, lo que nos da también la comprobación. Pensemos qué podría cambiar en nosotros si respirásemos así durante la mayor parte de nuestro tiempo. Es de destacar una vez más que en las danzas tradicionales encontramos una tendencia a la simplicidad, a no tener ningún tipo de rigidez estilizada, al punto de parecer de menor estatura debido a la flexión.

Una regla de oro nos dice que cuanto más simple es una cosa, más íntimamente pertenece a nuestro yo más profundo. Si debe ser muy complicada, está adulterada.

TERCERA PARTE

El Espacio, El Sonido

Y

Los Arquetipos de las Formas

El Unísono

Para introducirnos en los aspectos más sutiles del Sonido y sus relaciones íntimas será necesario el desarrollo de una característica de la mente: la "sinopsis". Esta es la convergencia de la dualidad energética en un punto central, la capacidad de síntesis que se presenta cuando se logra develar lo esencial de una idea. A menudo la mayor dificultad que encontramos en el camino hacia la comprensión es la actitud de justa simplicidad de la mente. Dado que en este punto de nuestra exposición nos estamos ocupando del lado subjetivo del Sonido, será útil no olvidar que la "mente sinóptica" es en nosotros ese punto central y radiante de la estructura mental, ya sintética por naturaleza.

El Unísono en la experiencia eufónica simboliza la relación existente entre el ser y el Ser. Como es una vibración intuitiva, su maravilla consiste en la "liviana densidad que libera un núcleo": sustancia que en vez de aglomerarse aditivamente delimita un espacio omnipenetrante y único. Soy Uno en el unísono, pero no contrapuesto a otro; siempre genero dentro de mí, conociendo la división como proporción interna del Uno, matices de la Luz única, graduada pero no limitada.

En la experiencia, cualquier relación que establezco se reduce a la relación entre un sujeto y otro. Unísono significa reconocer al otro en sí, pero sólo si la conciencia está realmente centralizada en la esencia es posible comprender qué nos está representando "el intervalo de unísono". Teóricamente el unísono es el intervalo entre un sonido y sí mismo. Es altamente llamativa la imposibilidad de concebir racionalmente una distancia entre dos sonidos idénticos. En cambio, penetrando con sutileza en el plano del significado, extraeremos de la experiencia del unísono la lección más magistral de Música como *Sophia*.

El intervalo es siempre "Espacio potencial esférico" (volveremos oportunamente a este argumento). La concepción de distancia lineal comúnmente tiene un significado exiguo; de hecho, siempre la distancia entre dos objetos o realidades se mide linealmente, pero esta aparente horizontalidad no es real, sino que se trata de una constante verticalidad que configura cuatro ángulos rectos constantes, o sea 360°. Si esta es la realidad intrínseca en cada intervalo musical o de proporciones armónicas ¿qué sucede en el más misterioso y totalizador unísono?

Indagando con nuestros propios medios, nos percatamos de la sustancial elementalidad y perfección de lo idéntico que se reconoce a sí mismo no siendo diferente de sí. En tal espacio todo está contenido.

El dominio de la simplicidad exacerba la normal característica de búsqueda de la complicación de la mente concreta, usualmente llena de sí y de la propia tendencia a tejer laberintos que ofuscan la claridad.

El carácter esencial de la vida nos ofrece constantemente atisbos de penetración en la unicidad global de la existencia. Cuando un evento cualquiera se plantea a la conciencia como prolongación de sí y su realidad se torna fructífero medio para extraer el núcleo de cada cosa, es seguramente la fuerza totalizadora del unísono la que se presenta al ojo intuitivo.

El magnetismo poderoso que genera el unísono sólo puede ser conocido cuando todos los estratos periféricos de la roca mental han sido atravesados con el diamante que corta sin herir, habituándonos a escuchar con la agudeza del rayo. La protección magnética del unísono rechaza un tipo de actitud levemente discursiva. Se infiere que la mono-tonía, para nosotros tedio psíquico, es simplemente tono único, yacimiento inagotable de luz para la conciencia.

Con frecuencia, dada la deformación profesional, es precisamente el músico quien tiene mayor dificultad para concebir la idea de unísono como simplicidad de lo profundo. Nadie está tan deseducado interiormente como el cantante o el instrumentista, salvo reconfortantes excepciones.

Para predisponer la atención al contacto gradual con el unísono se hace necesaria una educación inductiva que pueda hacer vivir prácticamente la unicidad del universo macro y microcósmico. En el movimiento aparente de los cuerpos, como en la velocidad vibratoria de la energía, en sus diferentes octavas, podemos observar que cuanto más nos acercamos a las partículas "elementales" más aumenta el número de vibraciones por segundo y mayor es la concentración de energía. Del mismo modo el unísono es arquetipo y sustancia, concentración de velocidad y capacidad inductiva tan magnética como para ser irradiación inaudita.

Veremos así que la melodía se convertirá en el movimiento infinito del unísono en sí mismo. En efecto, el Canto Gregoriano y los Himnos Védicos serán ejemplo de la simplicidad unitonal, que en los ritmos, timbres y modos explicitarán la exploración más fascinante del unísono. Es cierto que si tal conciencia de Unidad no hubiera sido real para quien concibió estas formas de expresión, habría sido por lo menos dudoso que estos seres, alejados de nosotros en el tiempo, pensaran en consustanciarse con el universo cantando al unísono.

Es imprescindible para nuestra cultura actual el afinamiento de la sensibilidad junto con una rectificación mental. Un verdadero redimensionamiento, conforme a nuestra estructura vital, depende de la educación para la receptividad. El hombre no puede ni debe volverse sordo a su realidad, generando sólo hilos de un tejido asfixiante, sino que debe construir puentes que conduzcan al reencuentro consigo mismos como humanos inteligentes.

El Arte de los Maestros

El Arte exige maestría y la maestría es dominio de sí. El conocimiento llevado a la compleción más amplia no basta para lograr maestría. El don de la elocuencia total marca un paso hacia la expresividad del individuo liberado de vínculos inconscientes. El flujo de las energías sutiles que atraviesa el organismo humano es idéntico al que vivifica las estrellas y los planetas, las plantas y los animales.

En el hombre esta energía en estado puro indiferenciado es la intuición, de la que aún goza muy poco a causa de la precaria disposición hacia la simplicidad que va más allá de las facultades intelectuales.

Orgánicamente la configuración neuronal y la armonización del sistema endocrino y neurovegetativo sufre una alteración que se puede llamar Anafilaxis (*Ana* = sobre, encima, *Philaxis* = protección). Este proceso es efecto de la mayor síntesis alcanzada cuando los mecanismos psicológicos actúan en interrelación sinérgica de mutua colaboración funcional.

También el organismo fisiológico se adapta con el tiempo, sufriendo poderosas transformaciones, a actuar menos egoístamente y bloqueado por secciones, para dar lugar a nuevos procesos bioquímicos provocados por el imán psíquico que se refleja en toda célula. El trabajo sobre la célula es la expresión de la sabiduría humana más elevada. Es el Arte de la emanación de la luz del núcleo en dirección a los núcleos.

Durante milenios muchos sabios realizaron este viaje por el espacio interior. Algunos de ellos han recorrido un camino de años-luz, penetrando recónditos arcanos del universo. Verdaderos maestros/artistas han dejado una huella en el mundo como peregrinos que una vez se detuvieron en la etapa humana, probaron los placeres y los dolores del mundo y partieron hacia la meta próxima. Cuanto más se aventuraban en los paisajes invisibles a los ojos, más la carga electromagnética estaba acentuada en el Aura del espacio circundante. Aquello que Zoroastro, Buda, Lao-Tsé, Cristo difundieron en la atmósfera humana es motivo de realización para toda la humanidad. Su maestría, transmitida por Seres que cohabitan el planeta con nosotros, es el Arte supremo que hereda el Planetarium.

La intuición

Las percepciones diferenciadas sensorialmente encuentran un punto de unificación en la glándula hipófisis. Cada percepción es contacto con las modalidades vibratorias de los Elementos, mediante los centros de energía sutil aferentes,

Sólo en los lugares magnéticos es posible conectar la percepción, unificada mediante el centro de la hipófisis, con la cualidad del espacio. El Espacio es una entidad autoconsciente. Para la intuición, la calidad del espacio percibida como movimiento es pura calma donde reside la Vida. El movimiento es, entonces, un aspecto externo del equilibrio. En la percepción del sonido es posible apreciar el movimiento proveniente de una fuente estática.

La búsqueda individual es descriptiva y lineal. En ella el espacio actúa superficialmente, sin la profundidad generada por la experiencia. De hecho toda experiencia psicológica es experiencia espacial, con el sentido común expresado por la mente pura. Para obtener sabiduría emanada del espacio, la posición perceptiva será no dual, unitaria e integrada. Será el espacio el que libere conciencia, más que la mente que grabe conceptos. Pero éste (el espacio) puede liberar sus riquezas cuando cada célula (incluso la mente) se funde con cada ser vital en cuanto espacio.

El análisis constituye un proceso previo a la apertura intuitiva. En efecto, quien cree que puede acceder al espacio de la intuición sin la experiencia analítica no tendrá contacto con la realidad de vida que le toca afrontar, porque confundirá superación con ausencia. El análisis riguroso es lúcido y amoroso. El artista deberá reivindicar a los dos huérfanos del Espíritu en la era moderna: el lenguaje y el análisis.

El análisis ha llevado a una ética estéril y a una estética tambaleante y desvitaminizada, La semántica y el uso del lenguaje con base analítica tienen un peso excesivo en la estructura vacía y sin respiración. *Nephesh* y *Ruah* son el análisis animado por el espíritu para la cábala antigua.

Así, en las experiencias estéticas el dominio del estructuralismo y del objetivismo constructivo ha desecado la linfa vital de la Gran Planta, transformando el acceso a la Belleza en un acto desprovisto de significado, carente de toda profundidad y exento de toda finalidad. Para convertirse en accesible, o inaccesible, la experiencia estética se separó de tal modo de la realidad espacial que no se debería dudar en declarar el arte del último medio siglo como asexuado e impotente. Los caminos recorridos y la conciencia de la aridez impulsan al hombre a la búsqueda de lo nuevo con medios diferentes, con ideas nuevas, con experiencias nutrientes de verdad y sabiduría.

Los objetos que se muestran, los conciertos que se escuchan son pasos efímeros hacia el Arte total, carentes de valor catártico por su concepción egoísta, aparente y ornamental. Los Planetarium deben dar un nuevo paso para la creación y divulgación de los prototipos de Arte global vinculados a la esfera de la intuición. No sólo un aspecto formal debe mutar con fuerza propulsora, sino que un nuevo mecanismo de producción creativa y de circuitos de contactos debe surgir de las cortezas de esquemas culturales carentes de vida y luz, urdidos para no transformar, para no comunicar. Un nuevo movimiento de artistas conscientes, integrados e íntegros, sabedores de la revelación de la Belleza y del remedio espiritual que ella proporciona a la humanidad, puede tener lugar cuando se superen los intereses de partes, cuando la exasperada auto-adoración limitante pueda expandirse para ser amor incondicional, cuando la crítica sea uso constructivo del análisis y no un medio para hacer conocer opiniones personales que ensalzan o desacreditan la apariencia sin siquiera rozar la esencia de las cosas.

Los artistas de todas las épocas han sentido, algunos de ellos sabido, que la fuerza de la Belleza es capaz de alejar la oscuridad de las cristalizaciones y despertar en el alma humana recuerdos antiquísimos que marcan el futuro. Fueron también conscientes de dejar para una humanidad más avanzada obras inspiradas, revelaciones de valles y superficies jamás exploradas: obras maestras de la Arquitectura sagrada, esculturas extraídas al espacio mineral, colores transfundidos, verdaderas visiones de auras límpidas, ritmos poéticos que contienen palabras silabeadas para expresar secretos del alma, danzas que ven el cuerpo orgánico como luz y sombra a ritmo con el cosmos, música que exalta la vida en el reino invisible, indicando que todo suena en el universo, desde las galaxias hasta el átomo.

Las visiones de los artistas maestros son un eslabón poderoso del collar de la Tierra. No han sido vanas sus realizaciones. Pero la Obra aún no ha concluido. Nace la nueva necesidad de las generaciones jóvenes. Necesidad de comunicación, de hermandad, de seria preparación ante el umbral de un ciclo inédito.

El trabajo de las primeras décadas, hasta 2025, será intenso y fascinante para los Planetarium. Todo parecerá provisorio pero cada paso será salvaguardia de las semillas creativas y se construirá un puente de extraordinaria solidez. Esta vez el fuego que se utilizará para fundir los esfuerzos y transmutar las energías tendrá una cualidad vivificante superior. No se asemejará al magma volcánico en su densidad, ni se cristalizará como la lava que escapa y esquematiza. El Fuego creativo será fluido y etéreo, nuclear e impalpable. Posibilitará una nueva humanidad agradecida y protegida por la Paz de la irradiación.

La vida creativa puede ser inculcada en el mundo por seres que aman coherentemente a sí mismos y a toda criatura sensible. El egoísmo, suponiendo que pueda crear, genera abortos sin vida, formas vacías. La personalidad se deberá educar para descentralizarse de sí misma a fin de ser enriquecida desde el interior. No se tenderá a elaborar nuevos dogmas ni a rendir culto a la personalidad, sino que en la convivencia y en las relaciones se reflejará la realidad vivida, mientras se construye el Puente.

En la "esfera de visión planetaria" la primera experiencia a adquirir es captar la onda de vida y dejarla fluir en sí. Las técnicas para cualquier arte son cuestiones de ejercicio y práctica, de repeticiones, de error y descarte. Pero el punto nuclear para captar la Onda de Vida debe constituir la premisa de cada ejercicio o práctica. En el espacio se descubre más Espacio. Por lo tanto el Planetarium no es una estructura, sino un "estado de conciencia".

La visión más radiante de la Belleza se produce cuando resplandece el *Augoeidés* (la radiación luminosa del Ego divino; así llamaban los neoplatónicos al cuerpo astral iluminado). No hay arquetipo del mundo humano que supere esta perfección. El color de luz ígnea es predominantemente blanco níveo, pero desde cada ángulo de la esfera un color-luz se refleja en dirección circular. Una diadema fulgurante cubre la cabeza y se extiende como río de luz alrededor de la parte superior del *Augoeidés*. Sólo el ojo proyectado por la hipófisis puede ver esta imagen arquetípica del verdadero ser humano.

La visión se puede producir en coincidencia con los equinoccios de otoño y primavera y con los solsticios de verano e invierno. El motivo real es la rotación solar alrededor del Sol central que se proyecta en la rotación terrestre alrededor del sol. Estos son los momentos apropiados para quienes descubren el núcleo del Ser. Similar momento epifánico es la gloria que los griegos llaman *Epoptéia*. Cuando se manifiesta la Belleza el punto de la hipófisis coincide con la fuente del oído interno. Así sonidos primordiales, coros celestes y melodías infinitas penetran en la visión de luz. Lugares de arcana belleza aparecen a la vista; paisajes indescriptibles y ciudades arquetípicas se revelan a la atención.

Un estado de estupor divino deslumbra al ser unido con cada criatura en fusión de amor solar renovado. Quien posee el don de tal experiencia aunque sea sólo una vez en la vida penetra en los arcanos de la manifestación y puede sanar, saber, comunicar, amar y crear, llevando a la tierra Ideas que sólo bendicen y benefician a los seres vivos. Estos hombres son llamados Artistas/Maestros, y son los más cercanos a la humanidad por Amor. Ellos no descansan sobre la fama que les ha concedido el mundo, no se creen superiores a ninguna criatura. Ellos son libres y pueden liberar.

Hoy siguen transmitiendo su Arte.

Las potencialidades del espacio

El estudio del espacio representa para el Planetarium un punto de partida para el despliegue del verdadero conocimiento intuitivo. Se trata de un "entrenamiento" específico, capaz de coordinar la percepción actual con la ampliación expansiva del espacio interior. Las direcciones del espacio contienen un significado específico para la evolución de la conciencia ilimitada. Cada configuración espacial responde a una vibración arquetípica sostenida en el tiempo. Tres esferas se superponen interpenetrándose y girando a diferentes velocidades:

1. La esfera roja.
2. La esfera azul.
3. La esfera amarilla.

Estas esferas son planos de conciencia no condicionada por factores externos, dado que no hay nada extraño a ellas, sino que "contienen" todo dentro de límites ilimitados o in-finitos. El espacio real no se puede medir con ningún metro. Las distancias son características de orden temporal más que espacial. Si no estuviéramos tan interpenetrados esos *"insights"* provendrían de algún lugar con ubicación externa. En cambio, cuando nos referimos a la Tierra, al Universo o a cualquier "continente", ciudad, etc., nos referimos a estados de conciencia que develan la naturaleza del Cosmos. Cualquier lugar forma parte de la estratificación de la conciencia. Del mismo modo cada ser es también un matiz complejo y revelador de la síntesis espacial.

En los puntos focales incandescentes de fuego eléctrico, el espacio externo y el interno son idénticos. El ser humano que se acerca a estos estados de la conciencia nota la vasta dimensión que permea lo interno y externo. Pero, luego de esta conciencia, un nuevo evento se acerca a la calificación mental. Se trata de la liberación de una cualidad sutil del espacio: la Intuición.

Cada estudiante en el Planetarium atraviesa etapas esféricas, donde aprende a leer en el espacio y a vivir en el tiempo. La lectura y experiencia se realizan comenzando a valorar los contenidos psicológicos, confiriéndoles una configuración diferente. El individuo aprende a hacer "escultura" con el propio estado psíquico. Ve cómo se configuran los esquemas de existencia, cómo coexisten en sí, qué características materiales tienen. Luego de un período de tres meses de intensa labor en la esfera introductoria, se vuelve consciente de la extremada plasticidad del espacio.

Esta certeza aún no le da elementos para conformar la propia vida, pero lo pone en condiciones de iniciar con fuerza la próxima etapa. Momentáneamente la plasticidad astral no está controlada hasta que, luego de varios estadios, descubre una mejor condición, esta vez mental, que es la flexibilidad. El estadio de la flexibilidad permite el rápido desarrollo de las facultades superiores, porque el cuerpo mental/espacial se ha vuelto capaz de globalizar y por lo tanto de expandirse.

Alcanzado este estadio, el ser encuentra la propia identidad y es capaz de nutrirse haciendo propias las realidades de los otros. La especulación se torna experiencia viva y gozosa, sin traumas creados por la colisión constante de las formas espaciales/psíquicas. Es el momento de la comprensión. Todo lo que es para admirar, es admirado; el estupor se enriquece de poesía verdadera.

Así se reencuentra el espacio, preservado de las contaminaciones, respirable y fluido en sus componentes energéticos. Trae bienestar y hace emerger aspectos desconocidos de la "psiquis" que puede girar alrededor del propio eje. El punto de referencia espacial que se establece crea relaciones equilibradas y creativas, plenas de contenido altamente significativo. El individuo se está aproximando a la "esfera intuitiva", punto de partida de la realidad del Arte total. Acá la creatividad es característica inherente al estado vibratorio. A ningún acto le falta Arte, dado que el Ser vive con el espacio. Todo se despliega con síntesis y emerge acabado y perfecto como Palas Atenea de la cabeza de Zeus.

La primera esfera (del Gran Principio) está centrada. Los contenidos espaciales emanan del Gran Principio con sus formas arquetípicas. La Belleza es una con la forma.

Varios ejercicios ponen al discípulo en condiciones para atravesar dichos estadios. Se produce un cambio fundamental en su actitud ante cualquier objeto percibible, en el descubrimiento del aspecto no visible y no audible de las causas de la percepción y de las leyes que gobiernan cada estadio.

Cualquier objeto natural participa de las tres esferas interpenetradas. Los ejercicios tenderán al Gran Principio, o semilla de toda realidad. En el Canto, en la Danza, en la Música Instrumental, en la Pintura, Arquitectura y Escultura existen posibilidades infinitas de Experiencia.

En una nueva vuelta de la espiral, la contemplación asume la perfección de la meditación creativa. La mente, libre de espacio cristalizado, fluye como un arroyo de montaña, purificando todo con límpida visión. Los contornos de la forma no son anillos impracticables, sino que se integran con el espacio invisible, que le confiere tensión. Esencialmente, lo visible es espacio plasmado en el espacio invisible.

Los ejercicios de perspectiva que se realizaban en las antiguas escuelas de diseño seguían un orden mental imitativo, limitado a representar la apariencia de la realidad. El artista puede ayudar a percibir la realidad como es y no como aparece. Su trabajo excava en la esencia para disipar los límites de la forma. El artista es liberador de energías puras. Expresa el triunfo del color, el triunfo del sonido, el triunfo del movimiento. Pero él mismo se debe liberar del confinamiento existencial. Como exiliado, vuelve a la Patria triunfante, descubriendo que no tiene fronteras, murallas o distancias, sino que todo es increíblemente cercano, integrado y sintético.

El Artista se torna transparente, resplandeciente, expansivo. El Artista es Espacio.

La manifestación del "espacio intuitivo" surge en el ser humano del centro sacro, de allí se extiende como fuente, atraviesa la columna vertebral hasta el centro de la cabeza, distribuyendo los efluvios dentro del aura. El aura constituye un espacio aparte, donde las experiencias individuales irradian y captan energías provenientes del cosmos.

Las Artes transfigurativas tienen una acción definida sobre el aura: ésta tiene la función de englobar las experiencias, creando una vívida circulación de luz en los estados de vigilia, ensoñación y sueño. Es en el sueño profundo donde el Ser resonante capta los mayores arquetipos de la Vida; estos se proyectan en la ensoñación para transfundirse en el estado de vigilia. El aura está siempre impregnada del estado de sueño. Quien vive en la Intuición califica la vida cotidiana de vigilia con la profunda identidad que proviene del sueño.

Las ensoñaciones se caracterizan por su capacidad plástica y variable, en cambio el sueño tiene una estabilidad de sonido en la que tienen raíz las verdaderas inspiraciones del Arte. La vida del ser humano áurico necesita el ritmo circular de la esfera. La conciencia de vigilia sigue un ritmo más lento en relación con la velocidad de la ensoñación y la aparente fijeza del sueño (debida a la extrema velocidad vibratoria). La velocidad y el tiempo mantienen una estrecha relación armónica. En la vigilia la conciencia necesita mayor tiempo para funcionar y evolucionar hacia la dilucidación. El estado de ensoñación es menos duradero e intensificado; el sueño (desde la perspectiva de la vigilia) extrae del instante enormes energías primordiales. Intuición y sueño se corresponden. La desaceleración del movimiento mental es el resultado de la aceleración de la conciencia. En la aparente fijeza el ser sigue la velocidad psicológica de la luz.

Tendremos que estar dispuestos a reconocer el nuevo principio que se avecina para poder proceder a una educación que tenga en cuenta esta realidad. El germen del nuevo humano irradia de este principio y el Arte forja la preparación del crisol. Desde la dualidad constante del intelecto la unidad sintética hace las primeras pruebas sobre la arena terrestre. De las contradicciones más poderosas emana la fusión, y será todo el planeta el que se medirá con la llegada de tal fuerza. Las próximas décadas marcan el nacimiento de las ciencias preliminares de la Intuición. Luego de la exploración minuciosa de los meandros de la mente concreta, el explorador elimina los viejos y desgastados instrumentos, abandona las prisiones y pasa de una esfera a la otra. Este proceso se produce naturalmente. La crisálida se rompe y libera lo nuevo. Todos colaboran en el espacio para la hora prometida. Los microorganismos y todo el sistema se entrenan para el parto. En su danza espacial, la Tierra llega a la cita aparentemente cansada, deprimida y disecada. Muchas veces cambió la piel y ésta no será la última, pero por primera vez sucede algo diferente, y esto la encontrará vacilante si su humanidad no coopera atentamente. Sólo quien ama puede tranquilizar.

La Naturaleza del Arte

El Arte y la Naturaleza son dos realidades inseparables en la vida del ser humano. De un amor completo, incondicional para cada criatura nace la totalidad alcanzada en los vértices de la creatividad. Sería imposible concebir la inspiración sin el aporte de la visión y la audición de los objetos naturales. Cada uno de ellos es símbolo de realidades trascendentes, densificadas en la forma. La delicia de un perfume, unida al conocimiento táctil de una forma, brinda a la mente libre de prejuicios sensaciones difícilmente conectadas con las definiciones y la lógica limitante. La clave del conocimiento real está íntimamente radicada en los sentidos, instrumentos mal comprendidos y erróneamente utilizados, de un Yo también desconocido y escondido.

El único desafío que la humanidad aún no ha captado por completo es ser consciente de la necesidad de superar la logicidad y por ende las barreras formales. La forma, en el espacio, es sólo una expresión de poderosas energías creativas que irradian la propia presencia y aparecen ante nuestros sentidos como objetos. En la logicidad imperfecta y egoísta, las formas constituyen límites de encierro, esquemas con vida propia pero incapaces de circular y fluir, de inter-fluir. Todo está dividido y subdividido por el formalismo que invade nuestra pálida cultura contemporánea: las personas, las razas, las ideas, las religiones, las sociedades, los objetos, los afectos. A lo sumo nos ha servido para catalogar la realidad, razonándola hasta matar nuestra relación con ella. La vida fluye cuando establecemos una relación, que no nace cuando creemos que la establecemos sino cuando reconocemos que siempre ha existido, aunque no la aprovecháramos conscientemente. El mundo no ha comenzado a ser uno y esferoidal cuando descubrimos algunas de sus leyes. Primero proyectamos todas las imágenes divisorias posibles, diciendo cómo están separadas las cosas. Ahora, casi obligatoriamente debemos reconocer que ignorábamos la realidad y que nuestro próximo paso será actuar como organismos conscientes dentro del Organismo de la vida.

* * *

En la Sinergia hay un arte inimitable. La Vida no puede ser limitada, por esto el Arte no es imitación de la realidad sino realidad pura. Todo sucede al mismo tiempo y en el mismo espacio. En cada punto de la vida converge el cosmos entero.

Todo influye sobre todo. Todas las realidades son permeadas, interrelacionadas e interdependientes. Ninguna acción puede ser parcial. Ningún ser puede ser fraccionado y aislado. Para lograr la conciencia de la realidad sinergética se necesita:

a) Disolución de las cristalizaciones.

b) Apertura sin límites espacio/temporales.

Para disolver necesito un disolvente universal; una especie de Agua Regia que disipa las tinieblas y deshace los nudos: la Luz.

La apertura que la Luz entreabre viajando en todas las direcciones espacio/temporales es el Sonido.

Si obtenemos la justa dimensión armónica de la Luz y del Sonido, el Arte de la Sinergia estará a disposición del hombre para cumplir su propósito.

De tal conciencia y propósito nace el Planetarium de las Artes.

* * *

En el interior de cada individuo existe la necesidad de Simplicidad, no entendida como pobreza o falsa renuncia. La simplicidad es la meta de todo Arte, por lo tanto, de la vida. Si la confusión nace de la complicación, esto no es sinónimo de intelecto ni de conocimiento. El simple reconoce la "complejidad" de elementos que emanan de la riqueza de "un punto".

Pero de la complejidad a la complicación se presenta el mismo desfiladero que existe entre Intuición y Lógica. Lo cierto es que sólo cuando nos hemos perdido en los meandros de la complicación comenzamos a rehacer el camino en búsqueda del "centro" del laberinto.

La complicación intelectual, artística, social, teológica no es sino aridez, sequía, impotencia, desintegración de la personalidad, enfermedad.

La complejidad de lo Simple es vida orgánica, real, intuitiva y eterna.

Para alcanzar esta simplicidad es necesario desnudarse frente al Cosmos, extender los brazos al Infinito y reconocerse en la Única Familia Humana.

Si para comunicar tales realidades fuera posible tocar el corazón, restando valor a la lingüística, a la semántica y a la retórica, estaríamos cerca de la simplicidad sabia que ha descartado lo inútil. Lo tortuoso ha tomado el lugar de lo simple, creando la pseudo cultura de lo complicado sin finalidad alguna.

De todos modos el fraude se ha descubierto y el engaño es cada vez más difícil de urdir. El hombre está tomando conciencia de realidades que le son impartidas por los verdaderos Maestros. Nada puede hacer retroceder esta Oleada.

Así las semillas humanas germinan desde adentro, expresándose por lo que son, sin frenos, con arte y naturalidad esenciales.

La configuración de una idea no consiste en enunciarla, escribirla o pronunciarla. Ella nace y se desarrolla como la nieve que gracias a los rayos solares se derrite y al fluir crea los terraplenes de una catarata, de un río o de un mar. Todo depende de cuánta nieve haya y cuán alta sea la montaña. El Sol está siempre para cumplir su parte.

En tal sentido el Planetarium quiere formar artistas/seres humanos, no impartiendo ideas preconcebidas sino favoreciendo la aparición espontánea. El Conocimiento está implícito en la Luz solar y en el Sonido. Basta el contacto con un punto de síntesis, con la fuente inagotable para que la Idea se manifieste sin imposiciones. El resto se deja al individuo consciente.

De la tristeza de una cultura sin estímulos vitales a la perfección de una nueva civilización: tal rol se ha confiado a las Artes. Se preparará el arca para zarpar en el Océano de la Vida.

* * *

¡Cuánto bien surge del redescubrimiento de la Belleza! La primera Belleza es el conocimiento del Ser. Confiere a quien la percibe la fuerza del bien, la medida de lo justo, la limpidez de la verdad. Tal sentido estético no conoce el odio hacia nada ni nadie. Convive con la forma como el imán con la figura determinada por el propio magnetismo.
Si muchos hombres redescubrieran la Belleza, no buscarían otros remedios para los males que los afligen. Pero quien la ha visto en Su rostro esplendoroso debe por lo menos sugerir otros que caminen hacia Ella.
El camino no es abstracto ni evanescente. Es necesario sin embargo que los ojos estén abiertos, el oído atento y las manos dispuestas a servir. La Belleza no se niega a quien reúna estas condiciones.

Una de las funciones del Planetarium es ayudar a actualizar los tres requisitos.

* * *

Muchos piensan que la realidad sólo consiste en lo feo, la decadencia del género humano, la declinación física, etc. Así se convierten en promotores de una existencia dedicada principalmente a alimentarse, a dormir, a conseguir el poder sobre otros. Estas son las expresiones de la limitación, fundadas sobre los aspectos más densos del mundo. Creen pensar justamente cuando ven que no todos viven así sus vidas. La primera reacción es la condena y la negación de cualquier posibilidad más allá de la conocida, y finalmente la declaración de que el mundo es como ellos lo perciben.

En la escuela humana estas contraposiciones parecen inconciliables. Las religiones tuvieron poco éxito en la obtención de amor, unión y compasión. El dogma ha creado la desconfianza, así como la falsa creencia ha originado el egoísmo más acentuado de nuestra época.

La Belleza no tiene confines. A Ella está destinado el futuro del mundo.

Los Planetarium y el Arte de la Vida

El Planetarium se expresa como una esfera de visión donde es posible encontrar y alcanzar las propias energías creativas para configurarlas en el conjunto global. La búsqueda del arte en su esencia original prodiga de por sí una carga propulsora tendiente a liberar fuerzas muy antiguas. Un grupo que explore los nuevos cánones estéticos habrá realizado la búsqueda más exacta de sí mismo, antes de exteriorizar cualquier acción creativa. Los efectos se estudiarán en profundidad y se tenderá a volverse responsables de cada expresión, tratando de que ésta sea cónsona con la idea primitiva, por lo tanto, esencialmente benéfica y constructiva para quien percibe. Ética y estética se reúnen para crear una nueva realidad transfigurada. Pero esto sucede en el espacio súper mental, donde el dogma no puede reinar porque allí todo está vivo y en armónico movimiento.

La búsqueda del espacio súper mental no se confía a los instrumentos utilizados usualmente a tal fin. Esta se realiza con los medios más idóneos que la naturaleza nos ha concedido: la visión y la audición.

En la realización expresiva el cuerpo se convierte en una mano que todo modela y transforma.

Para captar los arquetipos de inspiración la mente debe estar despejada y ser una con el testigo silencioso. Así se puede manifestar el punto creativo en el espacio.

* * *

El arquetipo tiene relación con una zona bien definida de la conciencia súper mental. Al ser energía en estado puro e indiferenciado, el arquetipo puede ser captado sólo por el elemento que más se le asemeje. Todos los arquetipos están contenidos en el espacio. Emergen de la ideación cósmica, proyectados por una Inteligencia que quiso y quiere ponerse en relación con sus criaturas.

Los arquetipos del lenguaje son sonidos inaudibles y los de las formas del pensamiento luz condensada. Ambos están en relación. Cuando se conoce uno se llega a la raíz del otro.

Si la mente miente es porque los arquetipos son artificiales; ella no ha comprendido la verdad sin deformaciones. Se ha complicado sola, olvidando los arquetipos de sí misma. Para sostener el conocimiento la mente debe ser verídica, orientada, flexible y límpida. Acá se puede manifestar el arquetipo. De este proceso a la aparición del Arte hay sólo un suspiro. El engaño está adormecido y nunca más despertará para traicionar. La traición no pertenece a la mente intuitiva.

La intuición devela el misterio del universo, mientras que la mente conceptual traiciona a sí misma y a las otras mentes. El arte que proviene de la mente conceptual es efímero e incapaz de conmover o transmitir. No tiene fluidez eléctrica. No tiene vida.

Para dilucidar la mente intuitiva el Planetarium ha identificado un recorrido: remontarse al futuro, sin las experiencias perniciosas del pasado. Abandonar los conceptos separativos y redescubrir la maravilla estética. Extender y expandir la simplicidad, cultivando la práctica asidua, a costa de contradecir la teoría infructuosa.

En tales circunstancias la intuición no puede hacer más que dejarse captar. El arquetipo ha sido vivido.

El rol del Arte y del Artista

La idea de arte se ha perdido en la cultura de nuestro tiempo. El artista vive atado a tantos condicionamientos diferentes que ni siquiera él mismo identifica la propia función entre los hombres.

Llamamos arte a cualquier manifestación expresiva de nuestros sentimientos, pensamientos o elucubraciones realizadas prevalentemente en una forma pictórica, escultórica o arquitectónica, o en un modelo musical, de danza o de poesía. Con el tiempo la cristalización de la idea habitual sobre el arte se ha vinculado a la historia y la crítica de las obras así consideradas. Innumerables tendencias, escuelas, enfoques, puntos de vista, variados y a menudo contradictorios, distinguen el conocimiento de la inspiración artística. A menudo vinculado a un criterio de inutilidad o de simple buen gusto, el Arte verdadero escapó de toda clasificación o definición de enciclopedia. Éste ha expresado lo atemporal que posee la vida humana. Si bien existe un nexo entre la expresión y la época histórica y social, las obras que aún hoy nos proporcionan particulares instantes de luz son las que no se auto-impusieron limitaciones temporales. El hombre existe en la dimensión tiempo, pero en cada instante de este tiempo hay una partícula de atemporalidad, de eternidad. Cuando un ser es capaz de captar el lado no sujeto al tiempo de la vida, y además puede expresarlo y comunicarlo, aparece el Arte. De don extraordinario, nuestro siglo lo ha transformado en mercancía, de Idea anticipadora de la realidad en objeto para ser consumido, a punto tal de no maravillar. Como en todas las cosas se han descuidado las raíces para ocuparse de las ramas, lo esencial se ha perdido por creernos pragmáticos y realistas. La expresión del mundo de ensueño y revelaciones fundamentales se torna demostración de pesadillas y estéticas sin finalidad.

El artista se vuelve organizador de sí mismo más que canal orgánico y consciente de visiones completas. Un esquematismo prolífico y falaz termina por llevar al momento más crítico, en el que el trabajo ya no es un Arte que ayuda a la evolución, sino una condena de la que pocos extraen la savia vital.

El mismo valor de la vida pierde su sentido en un mundo de prioridades invertidas, que nos conducen al punto cero. El Arte de las Relaciones Humanas se vuelve conocimiento de las falsedades para lograr un objetivo, habilidad desperdiciada como energía que sirve para conquistar.

Es obvio que no es éste el futuro humano. Sólo de un nuevo significado del Arte puede provenir un esclarecimiento total del individuo y del grupo humano.

Saber convivir con uno mismo y con los demás es logro artístico; conocer la realidad y vivirla es coherencia artística; utilizar las energías vitales y del planeta para el bien global es resultado artístico; trabajar creativamente es práctica artística; amar totalmente al prójimo es cualidad artística; aprender a servir a la finalidad del mundo es educación artística; no adular más al ego ni fomentar el orgullo es función del artista; reconocerse como eslabón de la cadena es libertad artística; abrir el paso a las nuevas generaciones es tarea del artista.

El Arte no puede ser contaminado por la ideología. Apenas sufre esta enfermedad deja de ser Arte. El Arte no sirve para comunicar la ideología parcial, sectaria y exclusiva. Es mejor no utilizar el Arte para estos fines, porque es inclusivo por naturaleza. Le quedan siempre estrechas las vestiduras rígidas y angostas. Aunque el Arte represente a un pueblo, a una civilización, es inclusivo y universal. El lenguaje del Arte habla el idioma del hombre íntegro y canta la inclusividad. El exclusivismo, aunque común y tendencialmente "artístico", es una aberración nacida de un sentido tergiversado de la comunicación. Puedo afirmar mi identidad, pero no necesariamente contra otra identidad. La diferencia es sutil pero fundamental.

Las diatribas no construyen el edificio del Arte, sino lugares de batalla con pérdidas anticipadas. La victoria del Arte no atraviesa la pobreza de la discusión crítica.

El Arte usa la fuerza del discernimiento. El discernimiento es una facultad de la Intuición. La crítica, una hija de la discursividad conceptual.

El Artista del futuro no será encerrado en la celda de la crítica con conceptos, sino liberado por obra del discernimiento.

* * *

La función de un lugar magnético es múltiple. Allí circulan energías que permiten trabajar con orientación, hacer una adecuada experiencia de las nuevas realidades en juego y observar atentamente los efectos producidos por cada acción. El magnetismo es siempre el producto de conjuntos de personas que se reúnen con un propósito claro y trabajan con líneas bien precisas. Cualquier grupo capaz de percibir las cualidades ínsitas en un determinado espacio podrá beneficiarse interviniendo en su modificación, cooperando con el aporte de las propias características y recursos.

Para que un lugar o espacio devele las propias características, es necesario liberarlo de ideas preconcebidas o de condicionamientos impuestos por el gusto. Así expresará claramente su ser y él mismo solicitará lo necesario para exteriorizar su calidad. Un grupo que interviene en un espacio cooperará cuando habrá captado las necesidades más que aplicado las propias ideas.

En un espacio neutro son pocas las posibilidades de intervención cooperativa. Otros espacios son sofocados por la proyección de ideas ajenas a ellos.

La educación del espacio consiste en llegar a ser sensibles a sus peticiones y saber que cada espacio tiene una identidad original en transformación. La tierra es un espacio a descubrir. Debemos ser más sensibles a sus necesidades abandonando las aplicaciones artificiales que le imponemos.

"La Naturaleza, no ayudada, fracasa" dice una antigua glosa. ¿Qué significa ayudar a la Naturaleza? Colaborar con la manifestación de su propósito. El único modo de que su espacio no sofoque es seguir las indicaciones precisas que puede proporcionarnos.

Pero el oído debe estar atento. Recién cuando nos ponemos en la posición de cooperar devela la naturaleza sus secretos, abre su santuario al hombre.

En el ínterin la conquista, la batalla, la guerra, la fuerza para dominar. Luego del fracaso, la cooperación, el amor, la escucha, la sensibilidad a las necesidades de nuestro espacio vital: la Tierra.

Las Artes del Espacio curan el organismo. Integran y extraen, con movimiento constante, la pulsación de la Naturaleza y de sus ritmos. El cuerpo se sensibiliza a las fuerzas reales que permean la atmósfera y así transmuta cada imperfección de sí y del ambiente circundante, limpiando el espacio psíquico y preparándolo para el trabajo futuro.

Se podría decir que las Artes del Espacio son instrumentos para una ecología psicofísica.

* * *

La visión global nace como consecuencia de la apertura mental. Así como elevando los ojos y mirando levemente hacia arriba tenemos una amplitud visual de 180°, lo mismo sucede con la visión interna de la realidad psicofísica del mundo. Es necesario no separar alto y bajo, no polarizar la atención demasiado sobre lo bajo, porque olvidamos lo alto, ni sobre lo alto porque tropezamos mientras caminamos.

La visión global se obtiene armonizando con calma el inmenso arco que tenemos delante sin dejar que escape ningún detalle del conjunto, acentuando el conjunto más que la parte. Con tal visión sucede que cuando queremos apreciar el detalle o la parte, nuestra mente intuitiva no concibe la realidad separada. Cada planeta tiene su propia realidad pero está contenido en la realidad del sistema solar, el sistema solar en la galaxia, y así sucesivamente.

El desarrollo de la visión global depende de la constante práctica alrededor de la esfericidad de las cosas. Cuando veo de frente y desde lo alto, debo recordar que me falta la visión posterior e inferior, que seguramente me cambian la perspectiva de una situación, de un cuerpo, de un grupo o de cualquier otra realidad organizada.

El ejercicio de la visión global está compuesto por costumbres perceptivas. Para el niño es habitual desplazar el punto de vista, con lo que puede comprender de modo flexible. Significa que la afirmación no se encuentra en la tozuda actitud fija frente a las cosas, sino en el recorrer circularmente todas las visiones parciales de un evento o un objeto corpóreo.

Nadie se atrevería a decir que la realidad se encuentra afirmando la verdad de un aspecto de las cosas. La realidad va más allá de la parcialidad. Es un conjunto que trasciende las dualidades sí y no, alto y bajo, derecha e izquierda, que abarca 360° visuales. La visión global es prueba de inclusividad. Ciencia y Arte se complementan sin exclusivismos, pero nuestros ojos deben ser estereodimensionales, habiendo abierto el único Ojo que ve la esfera por todos lados y desde el interior.

Un simple ejercicio llevaría a resolver muchas contradicciones: la práctica asidua de la paz, de la comprensión, de la libertad.

* * *

El mejor modo para profundizar una experiencia es no hablar demasiado de ella, ni disertar sobre su naturaleza. Apenas aparece el mecanismo explicativo la experiencia se debilita y esfuma como si nunca hubiera existido. Si experimento lo bello, sería preferible que callara al desear comunicarlo, en vez de expresarlo como si se tratara de algo descriptible. Cuando estoy frente a lo Bello me basta con contemplarlo, y si deseo intentarlo, para volverme Belleza me basta con sumergirme y transfundirme. Hablar de ella es inútil y aberrante.

* * *

Mientras hablamos expresamos el estado actual de la conciencia del modo más evidente posible. No se trata de tamizar los contenidos del discurso o el tema elegido, sino la actitud orientadora de nuestra mente, que se manifiesta en la respiración y en el discurso, como también en los actos cotidianos. "Como un hombre piensa en su corazón, así es".

Del habla, del timbre de la voz, de la inflexión que trasciende los idiomas y los dialectos, podemos saber de nosotros mismos lo necesario para cambiar y dar un nuevo rumbo a la vida.

Cualquier cambio se produce a través del reordenamiento de la mente. A menudo creemos que se debe sustituir en vez de reconstituir. De poco nos sirve cambiar argumento para demostrarnos cultos si el fondo es siempre igual: también en la Música, el bajo continuo condiciona la altura de los sonidos y su movimiento melódico. Este se transparenta siempre y no se lo transforma aprendiendo oratoria ni teatro declamativo. Es mucho más seguro partir de la entonación del bajo continuo. Entonces el resto será cultura viva.

Las tradiciones orales no eran formas que debían endurecerse con el tiempo porque se preservaban sin cambios. La comunicación viva manifestaba siempre un nuevo aspecto de la tradición aún no develado. Pero la coordinación armónica entre la tradición enseñada y vivida era el aspecto principal, que debía ser preservado. Al preservar la forma hicimos desaparecer la tradición. Su recomposición es posible recomponiendo la mentalidad intuitiva.

Todo se convierte en tradición oral, porque cada palabra pronunciada es respeto de la dignidad humana.

El Planetarium de las Artes es un centro vital de educación profunda. Las características del ciclo actual anuncian la creación de una Universidad para el Hombre basada en principios claramente universalistas, sin distinciones ni prejuicios. Las condiciones creadas en las décadas pasadas han hecho que la necesidad de lo nuevo e inédito fuera tan fuerte, que sólo otros métodos y caminos tienen la posibilidad de formar un ser más humano.

El camino de las Artes genera un sentimiento de hermandad y comprensión que ningún otro es capaz de realizar. La energía que entra en juego es dinámica, creativa y transformadora. Al conocimiento se agrega la acción, En verdad los seres conocen porque actúan. Cuando más conscientemente actúan, más comprenden la vida como un Arte que se debe aprender con dedicación.

Los temas que el Planetarium desarrolla representan etapas de conciencia graduales del lugar y del rol que competen a la humanidad para alcanzar una vida armónica.

Un artista nuevo se prepara para ser faro, sin vanidad ni orgullos personalistas.

Sonido y Espacio –
Los Arquetipos De La Forma

Captar el mensaje implícito en el Espacio quiere decir concebir su totalidad y perfección. Podemos pensar el Espacio básicamente de dos maneras: como un contenedor vacío en el que un número infinito de átomos y unidades materiales se mueven y se conectan bajo la presión de fuerzas de atracción y repulsión, o bien como plenitud global, sobre cuya superficie nada puede ser proyectado pero de donde emergen las formas y sus contenidos específicos. En verdad, sólo profundizando esta segunda concepción podemos afrontar seriamente, y con buenas probabilidades de llegar a comprenderlo, el mundo del Sonido y los arquetipos de la forma en relación con el cuerpo y la comunicación no verbal.

De por sí la comunicación se realiza mediante los sentidos, si bien su limitación o amplitud posible nos es conocida gracias a la verbalización de las sensaciones transformadas en sonoras y condensadas en palabras o sonidos que con su ritmo, altura y cadencia nos expresan de alguna manera un aspecto integrado en una esfera global de percepción. El esfuerzo que implica explicar una experiencia o expresar con una descripción detallada una Sinfonía de Brahms nos permite advertir cuán limitado es el lenguaje que usamos comúnmente y cuán restringido es incluso cuando adquirimos mayor refinamiento en el uso de los vocablos y en la estructura de una frase o período. Explicar qué sucede realmente mientras hablamos, realizamos un gesto o movimiento o escuchamos atentamente una obra maestra musical es vano de por sí para una mente que se considere realmente científica, entendiendo con esto una mente aguda capaz de penetrar el mundo de los principios subyacentes en la vida y en sus innumerables manifestaciones.

Sólo con un criterio de amplitud mental y de entrenamiento para la percepción de la globalidad de todos los sucesos será simple comprender los detalles minúsculos representados en cada forma.

Ante todo, la premisa esencial, conociendo cómo se comporta el Sonido en el Espacio, es erradicar todo prejuicio deformante respecto de nuestras actuales concepciones de la Música y su rol en la vida. El hecho de creer que ya la tenemos definida, modelada y experimentada es un mero concepto de estética, ya caduco y carente de significados para el futuro en que renacerá la sensación de estupor y maravilla que raramente puede experimentar el pensador analítico y que, lejos de ser una emoción ciega, en ciertos casos podría alcanzar el espacio de la intuición directa.

Las experiencias, y sólo ellas, habidas en las civilizaciones más evolucionadas acerca del significado y el origen del Espacio y el componente temporal, y por ende del Sonido que genera las formas desde su primordialidad, se pueden leer con una nueva clave, al punto de invertir concepciones áridas y completar vacíos reales de conocimiento forzosamente aún no alcanzado.

Podría parecernos exagerado decir que está todo por hacer, pero así se verá la tarea de búsqueda de las próximas décadas, frente a la esencialidad vital de las fuerzas conscientes que aún llamamos Sonido y Espacio.

Una tal lectura exige de nosotros esa aceleración que, liberando energía de nuestro núcleo central, permite ver y escuchar una realidad en una voluta más elevada de la espiral humana.

Siguiendo lo más que me es posible esta línea, y sintéticamente, intentaré verbalizar algo que no pertenece a la verbalización común.

El Espacio es una Entidad viva, origen, causa y efecto de la circulación de fuerzas en cada forma. Las cosas, los objetos que aparecen ante nuestros sentidos no son organismos contenidos en el vacío, sino organismos que funcionan en otros organismos conectados, no sólo derivados del Espacio sino ellos mismos Espacio. Entre nosotros, a nivel corporal, como entre los cuerpos celestes, aparece un vacío que da sentido y contorno a las formas. Este contorno es uno con el objeto y lo permea en cada punto de su conformación. La sustancia primordial que sirve para materializar una idea se llama *noumeno*, entendido como esencia arquetípica, sostenida internamente por leyes numéricas y por lo tanto sonoras. Es evidente que cuando nos referimos al *noùs*, estamos abriendo la esfera del "número" como relación y cualidad, y del "nombre" como sonido que emana del arquetipo/germen y se desarrolla en siete sonidos fundamentales. Los griegos llamabas *Aether* al espacio, la misma idea del *Akasha* hindú del que derivan todas las formas plasmadas.

El Zohar lo describe como fuego blanco escondido en la Cabeza blanca *(Risha Havurah)*. Este fluido circula en 170 corrientes en todas las direcciones del universo.

Es el que genera entes que viven en su propia cualidad. Recordemos que Pitágoras consideraba a estos entes "movimientos rítmicos del espacio". Es evidente la diferencia sustancial que existe entre entes que se mueven "en el" Espacio vacío y movimientos "del" Espacio diferenciados en espiras de energía. Aparece así una concepción de la forma en neta concordancia con las recientes experiencias sobre el movimiento ondulatorio, confirmando un nexo entre ondas, sustancia y forma que concierne a todos los organismos.

El propio Jung nos da dos connotaciones diferentes de los arquetipos: primero como potentes concentrados de experiencia humana en el "inconsciente colectivo", donde existen como entidades que debemos afrontar en el "proceso de individualización". Luego los consideró estructuras psíquicas preexistentes que caracterizan y distinguen a la especie humana.

En efecto, los arquetipos pueden ser considerados como abstracciones. Una serie de características "abstraídas" de un gran número de datos. Para Platón y los cosmólogos de las eras antiguas eran los cimientos sobre los que se construían todas las formas y los modos concretos de existencia. Las semillas originales de una multitud de formas y modos con idénticas características.

Un proceso cuádruple, que se realiza en espacios diferentes, es claro en el acto de hablar o tocar un instrumento musical:

1. La captación de una idea o pensamiento. En esta fase se produce un contacto con la cualidad más sutil y abstracta del Espacio. Cuando pienso, no es una idea que "me viene" a la mente de una localidad distante del Espacio. Es la sustancia única espacial que se relaciona. Veremos más adelante cómo se relaciona sólo aquello que resuena con parciales armónicas semejantes. Efectivamente, yo capto un núcleo espacial pleno que llamo idea, tal vez en uno de sus aspectos, hasta que yo mismo con mi globalidad consciente encuentre "sintónicamente" la globalidad del germen arquetipo.

En el ínterin, no ha habido verbalización alguna. La idea no se ha revestido de sustancia (*noùs*).

2. La idea captada se autodenomina. Es ella misma que se devela en su identidad. Estamos en un espacio enrarecido, que aún no cubre ningún tipo de distancia, que no proviene ni de arriba ni de abajo, y que es un espacio relativo a la idea, más allá de idiomas y conceptos. Acá la idea se reviste de pensamiento inaudible condensado en una palabra aún no pronunciada.

En este espacio, como en el primero, las diferentes proveniencias lingüísticas y fónicas no nos delimitan. El símbolo real aparece igual para diferentes seres, y es captado sin pronunciarlo.

3. La palabra se torna sonido articulado audible.

Sólo en esta fase el sonido como tal se transmite en la sustancia plástica del aire, conducido a través de los nervios acústicos al cerebro, para ser comunicado, expresado y comprendido. La respiración, esencia de esta parte del Espacio, presiona las cuerdas vocales, que bajo la fuerza y el impulso del pensamiento producen el acto inmenso del habla.

4. La idea expresada en la palabra encuentra condensación material. Apenas pronunciada, la palabra audible sigue un recorrido activo, agrupando corpúsculos de espacio denso que hacen aparente la forma concreta de esa palabra o grupo de palabras.

En la globalidad de estos elementos que constituyen cuatro fases de un mismo proceso, el quinto los sintetiza a todos. Es el centro de la esfera, el punto *bindu* del que surgen las semillas. Este es realmente el Espacio, mientras que las otras son cualidades que le pertenecen.

Son muchos los esclarecimientos que surgen de estas fases del proceso espacial. Ante todo:

1. Nosotros escuchamos el Sonido, pero a nivel sensorial sólo sentimos la "resonancia de la materia". Aclaremos que Sonido ya es la primera de las fases, o sea la idea. Es bajo el impulso de la voluntad, de la fuerza conductora, que el Sonido "desciende" de los niveles inaudibles a los audibles. El sonido físico es la repercusión en la materia del Sonido inaudible. Todos los cuerpos tienen una resonancia propia. Cada uno deja oír los armónicos predominantes, a través del movimiento ondulatorio en la materia y de la materia. Esencialmente son Espacio Sonoro o Sonido Espacial. Los Sonidos que escuchamos son "combinaciones de vibraciones" de sustancias homogéneas o no homogéneas. Si las sustancias son homogéneas se perciben muchos armónicos. Al ser no homogéneas las ondas secundarias tocan la onda principal, asumiendo las características del cuerpo.

Aparecen así relaciones particulares, proporcionales con intensidades relativas, que producen el timbre de una voz, la característica de un árbol, el color de una piedra, etc.

Basta mencionar, en este estudio, la poco considerada cuestión de las progresiones musicales descendentes que encontramos en las antiguas escalas musicales, expresiones cosmogónicas de un riguroso "descenso" espacial del Sonido primordial, que alcanza a cada cuerpo porque penetra todo en el Espacio.

2. Nosotros escuchamos en el Sonido el movimiento del Espacio. La comunicación no verbal se vuelve tanto más completa y real cuanto más nos percatamos de que el sonido de la palabra pronunciada denota la cualidad del espacio perceptivo, manifestando ritmo en el movimiento y cualidades dinámicas que son duplicados, reflejos del movimiento de la esfera mental espacial. También acá encontramos un hecho inaudito en la comunicación verbal y musical. La comunicación profunda se produce cuando la palabra pronunciada o el sonido entonado denotan la vivencia experimental real de quien habla. Sabemos que la retórica no era igual a la oratoria para los griegos, así como existe un abismo entre la verdad y la falsedad. Podemos pronunciar las mismas palabras, pero mientras los armónicos revelan la experiencia vivida, la imitación revela una tosca forma sonora no original. Esta es la causa de la unicidad del timbre de voz y de nuestros rasgos psicosomáticos.

Los antiguos chinos decían que "la Música es la única incapaz de engañar el corazón humano". Sonido inaudible y Música son el mismo principio omnipenetrante.

3. La comunicación no verbal parte de la esfera intuitiva del espacio, para alcanzar luego el mismo punto en el que tiene origen la organización sensorial. Esta esfera está regida por leyes particulares, definidas, exactas y globales.

Nosotros funcionamos constantemente como una globalidad individual y como esferas dentro de otras esferas. El paso necesario es hacer consciente este núcleo que llamaría sin vacilar EUFÓNICO.

Los Dogon y la Palabra

En el maravilloso estudio-recopilación de Geneviève Calame-Griaule sobre *La palabra del pueblo Dogon*, podemos advertir inusitadas implicancias análogas a las halladas en civilizaciones como la india, la china y la griega.

Los componentes de la palabra, que revelan la proyección sonora en el espacio de la personalidad del hombre, son cuatro, como los elementos del cuerpo. En efecto, podemos observar la gran analogía con concepciones según las cuales el sonido está compuesto por cuatro, cinco y siete niveles de corporeidad, cada uno relativo a una esfera interpenetrada con otra.

Citamos textualmente: "El agua es tan necesaria para la vida de la palabra como para la del cuerpo humano, animal o vegetal. Si falta la saliva, por el calor y la sed, se habla con dificultad. La palabra es "seca" y sólo bebiendo se le devuelve la fluidez. De una palabra que discurre fácilmente, que se expresa con claridad, se dice "palabra húmeda". Además el agua es el soporte de la vibración sonora que se desplaza a lo largo de una línea helicoidal. Según los Dogon la palabra puede tornarse visible en el vapor que se condensa alrededor de la boca cuando el aire es frío. El elemento agua es tan esencial en la formación de la palabra que durante mucho tiempo, en nuestra investigaciones, lo consideramos constituyente de su naturaleza profunda, pero de hecho, para poder producir la palabra el agua se debe combinar con los otros elementos".

Advertimos que la realidad del recorrido helicoidal del sonido, en las fases de ascenso y descenso, forma parte de una ley universal que los chinos identificaban en la "espiral de las quintas", alcanzando luego de doce quintas el mismo sonido con una ligera diferencia, que sería la que existe entre el espacio musical de doce quintas y siete octavas. Este 1/8 de tono se llama "coma pitagórica", que marca el aspecto tonal numérico del movimiento helicoidal. Número de oro, del que emerge una espiral de oro, modelo del universo en todos sus aspectos, vinculados por la relación 3/2 (quinta), punto de conexión entre el Sonido y el Espacio formalizado. Áureo, áurico, aural, se refieren a aspectos análogos de precisión de proporciones, de constitución sutil del espacio (aura humana) y de campos audibles e inaudibles. Nos conduciría a vinculaciones rigurosas con el cuerpo humano profundizar la doctrina de los *Lyu* o tubos sonoros en relación con la *Tetraktys* armónica pitagórica.

Si bien esto concierne al tema que estamos desarrollando, lo trataremos en otra ocasión.

"El aire que respira el hombre es igualmente necesario: éste origina la vibración sonora que conduce el vapor acuoso cargado de sonido; los pulmones tienen un rol importante en este mecanismo".

"La tierra es el elemento que da a la palabra su peso, su significado: o sea el sentido de las palabras, la trama del discurso que corresponde al esqueleto del cuerpo humano. La tierra diferencia la palabra del ruido, de hecho sería una palabra sin un mínimo de significado".

Al elemento tierra se asocian especialmente las letras consonantes, que de acuerdo con su ubicación o emisión determinan no sólo un significado diferente y una intencionalidad particular, sino un verdadero "cuerpo" físico que reviste de materia las vocales. Entonces, sean oclusivas, continuas, nasales, laterales, vibrantes en posiciones labiales, dorsopalatales, etc., revisten y, siguiendo las premisas antes mencionadas, provienen de estados y regiones psico-corporales que "se pronuncian a sí mismas". El cuerpo entonces contiene cavidades resonantes, mientras que la psiquis vocaliza. El Ser es la semilla del lenguaje arquetípico. Parecerá contradictorio decir que la verbalización y el sonido musical son dos aspectos de una misma realidad ultrafónica y que en lo más denso se encuentra el principio germinativo de las "fundamentales". Estas, sean cinco (China) o siete (India - Grecia), serán los pilares del árbol de la vida con las raíces en el Espacio.

Una imagen del mundo como una trama sonora la podemos encontrar en los *Tantra*. El *Sāradātilaka Tantra* describe el *lipi-taru* (árbol del mundo) como una red muy intrincada con letras sánscritas (el habla – el Verbo – el Sonido) que liberan resonancias de energía cósmica. Las ecuaciones sonoras, llamadas *mantram*, serían síntesis de los aspectos cosmogenéticos. Las raíces del árbol indican el punto de origen (*bindu*) y la onda vibratoria sutil (*nāda*), emanados de los principios eternos masculino y femenino. La semilla es el principio originario autogenerado. Las ramas están compuestas por letras que marcan el elemento tierra; las hojas indican el elemento agua; los brotes el elemento fuego; las flores están representadas con las letras del elemento aire y los frutos con el elemento éter. El hombre, incluido en este sistema vibratorio, es influenciado primariamente por el Sonido, por medio de arcanas combinaciones de mutua resonancia.

"El fuego, según los Dogon, es el calor de la palabra, que depende de las condiciones psicológicas del hablante: cuando está encolerizado o agitado su palabra es quemante, mientras que a la calma corresponde una palabra fría".

Será interesante recordar al respecto otras analogías, como la de Bar-Hebreus, monje y escritor sirio (1226-1286) citada en su *Ethicon: sulle cause dei modi naturali*. Menciona el origen del arte modal y de los arquetipos de las escalas y proporciona las siguientes correspondencias:

MODOS	CUALIDADES	FESTIVIDADES (espacio anual)
1	Caliente y <u>Húmedo</u>	Navidad Resurrección
2	<u>Frío</u> y Húmedo	Epifanía
3	Caliente y <u>Seco</u>	Presentación en el Templo
4	<u>Frío</u> y Seco	Anunciación
5	<u>Caliente</u> y Húmedo	Ascensión
6	Frío y <u>Húmedo</u>	Pasión
7	<u>Caliente</u> y Seco	Pentecostés
8	Frío y <u>Seco</u>	Día de los mártires

Estos elementos revelan bases comunes alquímicas, cada festividad es una expresión de fuerzas cósmicas, solares y lunares. Así los modos del canto llano están vinculados a los elementos. Tal tradición gnóstica está también vinculada a los antiguos Terapeutas que danzaban y cantaban según los cánones de la musicosofía.

"La palabra contiene también aceite proveniente del de la sangre que le confiere suavidad y encanto: cuanto mayor sea la cantidad de aceite, mayor será el placer que se siente al escucharla. Las voces de las mujeres contienen más aceite que las de los hombres; el aceite influye sobre el timbre de la voz y la naturaleza de las palabras pronunciadas: de hecho no se pueden concebir palabras gentiles dichas con voz ruda. *El máximo de aceite está presente en el Canto y en la Música*".

Este "aceite" producido por el "hígado" y calentado por el "corazón" es la "potencia de la palabra" o *mantra-shakti*, y el corazón es la sede del sonido sutil (*Anahatta-nāda*). La correspondencia se encuentra en el factor centralizador del timbre (que depende del aceite) y de la riqueza de armónicos de las "palabras primordiales", verdaderas células melódicas contenedoras del "néctar" y fuentes del "encanto" terapéutico, que más tarde degradará en el mero goce estético.

Que el máximo de "aceite" se encuentre en el canto y en la música significa simbólicamente que el puente comunicativo es más fluido en la entonación de la palabra, y sobre todo que "el Espacio se expresa" mayormente en el Sonido armónico. No por casualidad los egipcios y los gnósticos consideraban que el canto de las vocales era canalizador de las energías superiores de los Entes planetarios.

Para los Dogon la "palabra de la verdad" se mueve como una espiral regular en dirección recta. Es la palabra justa, el tono justo. También en la danza se expresará un lenguaje esotérico y global, "palabra" enigmática que pocos pueden leer y escuchar.

"De la cantidad de aceite que se le proporciona depende su destreza, habilidad, expresividad".

"El ritmo de la palabra es para los Dogon "palabra del ritmo"; en esta perspectiva reversible se debe considerar el episodio mítico según el cual las primeras palabras "tejidas" por *Nommo* y acogidas por *Binu Seru* repercutieron sobre la piel del primer tambor para tornarse audibles y comprensibles a los comunes mortales".

Es rigurosa la semejanza entre *Shiva-Shakti* y la danza *tandava* de *Maheshvara*. En el *Maheshvara Sutra*, *Shiva* pronuncia, gesticula y danza al ritmo del tambor *Damaru*, que es la clepsidra del Espacio/Tiempo, las raíces del Lenguaje primordial y por lo tanto de todo Sonido musical.

Los ritmos arquetípicos

Es imposible concebir una forma cualquiera sin un reconocimiento, aunque sea instintivo, del ritmo. La relación que la simetría natural tiene con el Espacio, la tiene el ritmo con el tiempo.

Cualquier célula rítmica está formada por secuencias de inspiración/expiración, activo/pasivo, sístole/diástole, etc. Así el ritmo es un fenómeno de relación dinámica que expresa la ley de alternancia y de repetición. Los complejos esquemas rítmicos (*tālas*) de la música hindú y los ritmos de las danzas como el

Kathāk constituyen formidables ejemplos de ciclos giratorios que generan fuerza y que, aunque varíen imperceptiblemente, dan vida a la visualización de esquemas de simetría natural, donde hay repetición pero no identidad.

Se dice que el ritmo corresponde a la vida fisiológica en cuanto movimiento periódico y flujo energético.

Entre los ritmos biológicos fundamentales, de los cuales no conoceremos las causas si no cambia nuestra visión/audición de la vida de modo radical, podemos identificar cuatro tipos:

a) Ritmos espontáneos – Ejemplo: los ritmos del metabolismo celular y del corazón.

b) Ritmos de excitación – Cuando es suficiente una excitación no periódica para activarlos.

c) Ritmos inducidos – Es la sincronía de los ritmos. Si cesa el ritmo inductor, el fundamental vuelve a su frecuencia de base.

d) Ritmos adquiridos – Dependen de un ritmo externo. Se tornan costumbres con vida propia.

Otros tipos de ritmos, pulsaciones de nuestros estados de vigilia, ensueño, sueño, son:

1. El ritmo de las ondas cerebrales – Se trata de ondas de diferente frecuencia que expresan en su evolución una realidad que se podría escuchar, penetrando en el arquetipo que introduce el movimiento:

- las ondas delta – 1 a 3-5 c.p.s.
- las ondas theta – 4 a 7 c.p.s.
- las ondas alfa – 8 a 13 c.p.s.
- las ondas beta – 14 a 30 c.p.s.

2. El ritmo cardíaco – De los 120 a los 150 ciclos por minuto, frenado por la acción constante del nervio neumogástrico (o vago) que lo lleva a 72 ciclos por minuto aproximadamente.

3. El ritmo respiratorio – Con una frecuencia que varía entre los 15 y los 20 ciclos por minuto.

Estos tres ritmos fundamentales, estrechamente vinculados, son una Música perfecta para el hombre y su forma corpórea, digna del más osado orquestador. Estos conectan las funciones vitales de nuestro complejo psicosomático, y lo ponen en relación con el macroorganismo terrestre y celeste, tejiendo una maravillosa trama de ritmos rápidos y lentos que si pudiéramos escuchar nos harían comprender el origen de las polirritmias de las músicas tradicionales africanas, y observar con estupor que cada actividad ritual cotidiana es expresión de la tierra que instila sus ritmos a todos los seres vivos. Toda la semántica, y por lo tanto la comunicación, se basa en los ritmos. Arritmias y disfunciones comunicativas son formas de deseducación de la verdadera Arritmia (Aritmética) del ser.

La simplicidad esencial es polirrítmica. Los ritmos infradianos, a partir del pestañeo (por otra parte antigua unidad de medida temporal del Hinduismo), los ritmos circadianos o ciclos de alrededor de 24 horas, y los ultradianos, o sea superiores a las 24 horas, por lo tanto lunares, solares y siderales, como el año platónico de 25.920 años solares, están todos conectados por un factor numérico donde "mucho" y "poco", como unidades espacio/temporales, corresponden a nuestra habitual percepción o ritmo.

Si el latido rítmico de un ritmo ternario, por ejemplo, se marcara dejando una hora entre uno y otro, o sea utilizando tres horas para hacerlo, la percepción no captaría inicialmente la existencia de un ritmo. Cuanto más acelere el latido, más comprenderé que se trata de un ritmo. Pero si lo acelero tanto como para dejar de percibir un intervalo de tiempo entre los latidos, tendré la percepción continua de un sustrato silencioso, bajo el umbral de la conciencia cotidiana.

Esto quiere decir que en realidad la percepción del Sonido, del Ritmo y por ende de la forma en el Espacio se produce de modos diferentes, conectados pero fundamentalmente "únicos".

Si tenemos presente que la percepción del Sonido físico se produce entre la 6° y la 13° octava vibratoria de las energías cósmicas, y que la luz visible se limita a las vibraciones encontradas entre la 49° y 50° octava, se nos aclarará el dilema de los vacíos perceptivos, al ver que cada octava se refiere también a "distancias" del espacio subjetivo interno, o espacio de la intuición que, al ser también Sonido y Luz en grados sutiles, es base de la apariencia de la forma y de la vida que fluye siempre con un *continuum* como sustrato.

Epílogo al prólogo

La búsqueda más fascinante que se puede realizar hoy para cambiar la concepción de la realidad atraviesa forzosamente el mundo de ese desconocido que sigue siendo el Sonido, y la necesidad humana de manifestar en él todas las aspiraciones vitales, la expresión de la más alta espiritualidad y los indicios de una suprema clave de conocimiento de nosotros mismos y del universo de un modo que compenetre Arte y Ciencia al más alto nivel de plenitud.

A menudo encontramos dificultades para destruir los límites que han encerrado a la linfa del Sonido y la Música en prisiones mentales, frutos de una época fundamentalmente escéptica y llena de sí, pero que viaja en el siglo de la gran ocasión de cambio. El hecho que hoy se representen con mayor luz, conocimiento y experiencia los principios recibidos de

Pitágoras y las cosmogonías y antropogénesis que la Ciencia está reinventando, pertenece también a la áurea proporción de la espiral de los ciclos, con ese "coma pitagórico" de sólo 1/8 de tono, que nos encamina en una nueva dimensión de espacio humano, más armónico con sí mismo y con el cosmos, cargado de novedades que los arquetipos ya contenían, como nosotros contenemos el Espacio. Somos Espacio consciente y deseamos, por intuición interna, tomar posesión del "nuevo Espacio abierto" donde la Música, como Arte/Ciencia, permite que el hombre global recuerde con gratitud su origen.

DANIEL LEVY

Daniel Levy es un pianista mundialmente reconocido por sus interpretaciones en vivo y en una amplia discografía, con un repertorio que espacia desde Bach hasta la música contemporánea. Ha actuado en los centros y salas de conciertos más prestigiosos del mundo, junto a importantes orquestas sinfónicas. Ha grabado más de 60 CDs para sellos discográficos como Edelweiss Emission, Syntony y Nimbus Records, como solista, en cámara y con orquesta.

Levy ha unido una intensa actividad musical con un destacado rol de investigador y educador, presentando workshops, seminarios y conferencias, dedicados a desarrollar técnicas derivadas de estudios y experiencias sobre el efecto del sonido y de la música (como Ciencia / Arte) sobre el ambiente y la psique del ser humano. Daniel Levy ha trabajado con reconocidos musicólogos como Alain Daniélou y Marius Schneider.

Ha organizado tres muestras internacionales de instrumentos musicales antiguos, conciertos de música clásica de Asia y Europa y ciclos de música de cámara en varios centros europeos.

Es autor de varios artículos, sus libros *"Belleza Eterna"*,

"Enseñanzas de Pitágoras" y *"Ecos del Viento – Historia de un viaje al centro del Sonido"* son publicados en varios idiomas.

Levy ha sido Tutor Principal del proyecto 'Eufonía', parte constituyente del proyecto Sócrates y Grundtvig I de la Unión Europea. El libro "Eufonía, El Sonido de la Vida" ha sido elegido como el principal recurso didáctico de este proyecto.

Es fundador de la Academia Internacional de Eufonía, una asociación cultural suiza dedicada a la formación y capacitación de profesores de Eufonía y a la difusión de proyectos innovadores y educativos aptos para el desarrollo de la creatividad y la intuición.

Para más informaciones sobre los seminarios de Eufonía, las publicaciones, conciertos y grabaciones de Daniel Levy los invitamos a visitar:
www.daniellevypiano.com

Para ulteriores informaciones sobre las actividades de la Academia Internacional de Eufonía:
www.academyofeuphony.com
info@academyofeuphony.com

www.ingramcontent.com/pod-product-compliance
Lightning Source LLC
Chambersburg PA
CBHW060946230426
43665CB00015B/2084